La vie après la mort

TOME 2

D1437533

Distribution: Messageries de presse Benjamin
101, rue Henry-Bessemer
Bois-des-Fillion (Québec) J6Z 4S9
450-621-8167

La vie après la mort

TOME 2

Médiumnité, États altérés de conscience,
EMI, Science et spiritualité

Par **France Gauthier**

LES ÉDITIONS LA SEMAINE
2050, rue de Bleury, bureau 500
Montréal (Québec) H3A 2J5

Éditeur : Claude J. Charron
Éditeur délégué : Claude Leclerc
Directrice du secteur Édition de livres : Dominique Drouin
Directrice des éditions : Annie Tonneau
Directeur artistique : Éric Béland
Coordonnatrice aux éditions : Françoise Bouchard
Concepteur : Dominic Bellemare

Directeur des opérations : Réal Paiement
Superviseure de la production : Lisette Brodeur
Assistants-contremaîtres : Valérie Gariépy, Joanie Pellerin
Réviseurs-correcteurs : Sara-Nadine Lanouette, Marie Théorèt
Scanneristes : Patrick Forgues, Éric Lépine, Estelle Siguret

Photographe : Massimo
Maquillage : Nanette Lambert

Les propos contenus dans ce livre ne reflètent pas forcément
l'opinion de la maison d'édition.

Toute reproduction, par quelque procédé que ce soit,
est interdite sans l'autorisation du titulaire des droits.

© Charron Éditeur Inc.
Dépôt légal : Deuxième trimestre 2008
Bibliothèque et Archives nationales du Québec
Bibliothèque et Archives Canada
ISBN : 978-2-923501-50-5

REMERCIEMENTS

Encore une fois, merci à Claude J. Charron, éditeur, pour sa confiance et son ouverture d'esprit, qui permettent enfin au grand public d'avoir accès à une information limitée jusqu'ici à une poignée de lecteurs initiés.

Merci à Claude Leclerc et à Annie Tonneau, de Charron Éditeur, pour leur soutien et leur enthousiasme.

Merci à tous ces gens qui ont eu le courage de s'afficher publiquement avec leur histoire de vie marginale, parfois même incroyable pour plusieurs sceptiques.

Merci aux sceptiques, qui me donnent la *drive* de continuer mes recherches, parce que le scepticisme est plus souvent qu'autrement de la simple ignorance ! Une chose est sûre, ça l'était pour moi !

À vous tous, qui êtes en
pleine expansion
de conscience

INTRODUCTION

Ces dernières années, ma vie a pris un tournant inattendu, mais combien passionnant. D'abord, je suis toujours aussi étonnée d'avoir réussi à tenir pendant trois ans une chronique sur la vie après la mort et la médiumnité pour le magazine *La Semaine*, avec autant de gens crédibles et authentiques. Pour moi, c'est un signe indéniable qu'il ne s'agit aucunement de cas isolés. Mais 150 entrevues plus tard, force est d'admettre que tout reste à découvrir sur ce sujet fascinant, sans fin et sans limite!

Au cours des premiers mois de 2005, je faisais surtout des entrevues (que vous retrouvez dans le tome I) avec des personnalités connues ayant vécu des expériences hors du commun, question d'asseoir la crédibilité de la chronique. Puis, j'ai commencé à rencontrer des gens dits « ordinaires », qui pourtant ont tous des histoires extraordinaires à raconter. Des histoires si riches que, plus souvent qu'autrement, leur réalité dépasse la fiction. Je pense à ces quelque 50 médiums qui, en majorité, sont sortis du placard pour me donner une entrevue, même quand leur famille n'était pas au courant de leur don.

J'ai en tête cette enseignante de deuxième année, Danielle Gauthier, dont le mari est politicien. Peu de gens à l'école et dans sa petite ville de campagne savaient qu'elle était clairvoyante et guérisseuse. Il lui a fallu beaucoup de cran pour m'accorder cette entrevue où elle expliquait notamment que deux expériences au seuil de la mort étaient à la source de sa médiumnité, qui s'est manifestée vers l'âge de 40 ans.

Et que dire de ce plombier de métier, Gaétan Morin, qui a vendu sa compagnie florissante, dans son village natal du Centre-du-Québec, pour enseigner les informations qu'il a reçues pendant ses nombreuses sorties de corps. Imaginez le courage dont il a dû faire preuve pour dire à ses amis et collègues, qui pratiquent un métier des plus traditionnels et qui n'ont jamais entendu parler de chakras de leur vie, qu'il allait désormais transmettre aux gens comment réactiver leurs centres d'énergie vitale par le pouvoir de l'intention!

Il y a eu aussi cette entrevue marquante avec le médium de transe profonde, Pierre Lessard, qui m'a tant bousculée que j'ai décidé, avec son indispensable collaboration bien sûr, d'écrire un livre sur les enseignements spirituels qu'il reçoit d'un Maître ascensionné quand il se trouve dans cet état altéré de conscience. Le *Maître en soi* (Éditions La Semaine) est d'ailleurs en librairie depuis novembre 2007.

Enfin, je suis encore émue par cette série de rencontres touchantes avec des mères qui ont développé leur don d'écriture automatique après avoir perdu un enfant. Toutes ces femmes ont reçu des messages troublants qui ne laisseront personne indifférent et qui débouchent sur mille questions concernant la survie de l'âme.

Mais tous les témoignages que vous lirez dans *La vie après la mort – Tome 2*, aussi percutants soient-ils, ne trouveraient que peu de sens auprès du grand public s'ils n'étaient appuyés par les recherches de nombreux scientifiques. Puisque j'ai moi-même étudié en science de la santé à l'Université Laval, j'ai besoin de pouvoir m'accrocher à quelques notions scientifiques pour comprendre tout ce que j'ai découvert pendant ces quatre années de recherche intense. La théorie des cordes, qui fait consensus dans le monde de la physique moderne, apporte notamment une piste intéressante d'exploration pour expliquer certains phénomènes paranormaux. Elle prouve mathématiquement qu'il existe au moins 11 dimensions dans l'Univers, dont 7 que nous ne voyons pas, mais qui sont là, autour de nous, vibrantes et vivantes.

Des visionnaires comme le Dr Mario Beauregard, de l'Université de Montréal, mettent parfois leur crédibilité de scientifique en jeu, face à certains collègues sceptiques, pour prouver la survie de la conscience après la mort. Le Dr Beauregard l'a fait notamment par le moyen d'une étude sur le cerveau de carmélites en état de prière. En plus, les résultats de son audacieuse recherche sur les EMI (Expériences de Mort Imminente) sont expliqués dans le cadre d'une entrevue avec son assistant, le Dr Vincent Paquette, un autre jeune chercheur visionnaire. Pour appuyer ces données, vous trouverez aussi des entretiens avec de nombreuses personnes qui ont vécu une expérience au seuil de la mort et à qui on ne pourra jamais faire croire que la mort est une fin en soi.

Et c'est sans compter tous les scientifiques américains qui ont accepté de m'accorder des entrevues sur des sujets aussi variés que le *remote viewing*, la thérapie par les vies antérieures et la transcommunication avec les esprits. D'ailleurs, le *remote viewing* est un des champs de recherche qui crée beaucoup d'espoir. Cette technique de clairvoyance, pratiquée par des médiums entraînés, est entre autres utilisée par l'armée américaine et par la police pour retrouver des gens ou localiser des endroits stratégiques sur la planète.

Une des entrevues qui m'a particulièrement marquée est celle avec le Dr Gary Schwartz, de l'Université de l'Arizona. Cet homme, qui a dû se cacher pendant de nombreuses années pour mener ses premières recherches sur la médiumnité, est aujourd'hui un conférencier recherché et un scientifique admiré par plusieurs pour son audace et sa persévérance pour pénétrer le mystère des médiums. Il a réussi, dans des conditions contrôlées, à démontrer que certains de ces *psychics* sont réellement authentiques. Sans prouver pour autant la survie de la conscience humaine après la mort, il ouvre néanmoins la porte à d'autres recherches, puisqu'il apporte un éclairage nouveau sur les facultés psychiques que certains médiums possèdent hors de tout doute pour obtenir des informations au sujet de personnes décédées qu'ils ne connaissent nullement.

J'aurais pu nommer ainsi chacune des personnes que j'ai rencontrées depuis le début de cette fabuleuse quête de petites et de grandes vérités, mais là n'est pas l'objectif ultime. Vous découvrirez tout de même dans ce recueil plus d'une cinquantaine d'entrevues triées sur le volet et axées exclusivement sur la médiumnité, les états altérés de conscience, les EMI et la science. Pour chaque médium ou scientifique interviewé, vous retrouverez à la fin de l'article une référence pour le joindre ou en connaître plus sur son travail. Il est intéressant de noter que presque tous les gens qui ont vécu une EMI ont développé par la suite des facultés psychiques hors du commun et que plusieurs se consacrent aujourd'hui à aider les autres grâce à leur don.

Je profite de l'occasion pour partager avec vous combien cette aventure m'a transformée au fil du temps. Selon moi, la mort n'existe pas. De plus, toutes ces connaissances et expériences me permettent de mieux mordre dans la vie, à chaque minute. J'ai acquis la certitude que nous sommes tous médiums, c'est-à-dire que nous avons tous accès, à notre façon, à une forme de connaissance universelle quand nous nous donnons la peine d'ouvrir nos antennes. Je suis aussi intimement convaincue que nous créons notre réalité à tout moment et qu'il est possible de le faire sans avoir à souffrir pendant le parcours. Il suffit d'une petite ouverture de conscience pour enclencher de grandes transformations, tant pour soi que pour le reste de l'humanité.

Bonne découvertes… ou redécouvertes !

France Gauthier

Journaliste, animatrice, auteure et… un peu médium !

Pour me contacter: onnemeurtpas@yahoo.ca

1. Médiumnité et états altérés de conscience

CONSACRER SA VIE À LA GUÉRISON DES ÊTRES

Pour rencontrer en privé le médium Pierre Lessard, il faut attendre quatre ans. La raison de ce succès : Pierre sert de porte-voix pour une des entités les plus recherchées par les adeptes du genre, le Maître Saint-Germain. Rencontre avec l'homme qui marche vers sa propre maîtrise.

Pierre Lessard, coauteur du livre *Le Maître en soi* (Éditions La Semaine) est né en étouffant. Souffrant d'asthme sévère, il en a été complètement guéri à l'âge de sept ans, après avoir reçu en plein front une pierre lancée par un ami. Ce jour-là, Pierre a vu « la lumière entrer par son troisième œil » et, dès son réveil, il « respirait » une nouvelle vie. La suite est le récit troublant d'un homme au sourire dégageant une bonté infinie et dont le destin était de devenir l'outil de canalisation d'Énergies qui s'identifient comme étant celles du Maître Saint-Germain.

Pierre, comment as-tu été initié au monde des énergies ?

Mon parcours est tout ce qu'il y a de plus orthodoxe. J'ai étudié en administration et, avec un MBA en poche, je suis devenu professionnel et enseignant au cégep. Je détestais l'administration, mais j'avais du succès, et ça m'a freiné dans mon parcours avec le Maître Saint-Germain. En fait, tout ce que je connaissais du monde subtil à cette époque, c'était la visualisation et la méditation, qui me procuraient beaucoup de bien-être. Un jour, après avoir vécu quelques expériences spirituelles de guérison avec des amis, j'ai vécu une profonde remise en question. On m'avait demandé de travailler avec mon équipe tout le week-end pour une grande banque, et je me suis dit : « Mais qu'est-ce qu'on

en a à faire de cette stratégie bancaire? Ça n'a aucun sens!» J'ai tout plaqué et du coup, j'ai décidé de consacrer ma vie à la guérison des êtres.

C'est à ce moment que tu as fait la rencontre de Saint-Germain?
Oui, mais je ne l'ai pas compris tout de suite. Avec une amie, j'ai ouvert un petit cabinet où on offrait des soins énergétiques et des conférences. Dès la pre-

sieurs pays en Asie et en Amérique du Sud. Au bout de trois mois, au cours d'une méditation avec une amie, cette fameuse voix est revenue en moi. J'entends encore la phrase sortir de ma bouche, alors que j'étais totalement conscient: «Qu'est-ce que vous voulez savoir que vous ne sachiez déjà?»

Comment la personne avec qui tu étais a-t-elle réagi?
Elle a tout de suite posé une

«Ça parlait tout seul à travers moi! J'ai cru que j'étais détraqué.»

mière conférence, j'ai réalisé que je n'étais pas capable de prononcer le discours que j'avais à dire, car «ça parlait tout seul» à travers moi! J'ai cru que j'étais détraqué. Je m'entendais parler, puisque j'étais en état d'éveil comme je le suis maintenant, mais je ne pouvais ni suivre le fil de ma pensée ni me souvenir, au fur et à mesure, de ce que je racontais. À la fin de la soirée, les gens m'ont témoigné que ce que j'avais dit était extraordinaire! La deuxième fois que ça m'est arrivé, j'ai pensé que je n'allais pas bien et j'ai décidé de partir à l'aventure dans le monde, avec un billet d'avion aller seulement. C'est là que tout a vraiment commencé.

Comment?
J'ai d'abord voyagé dans plu-

question, et la voix s'est mise à répondre instantanément. C'était troublant, bien sûr, mais également très inspirant. On a donc continué le voyage en écoutant cette entité et, plus tard, un couple d'Australiens qui s'était joint à nous a reconnu la voix du comte de Saint-Germain. Moi, je ne savais aucunement qui était Saint-Germain. Ces gens m'ont alors dit que ma vie allait changer complètement et ils m'ont expliqué qui est Saint-Germain.

Alors, qui est-il?
Le Maître Saint-Germain est très connu par les adeptes de littérature spirituelle. Toutefois, dès le départ, il m'a demandé de ne pas lire sur lui pour que mon canal soit le plus pur possible. Alors, tout ce que je sais vient de lui. Les Énergies du

Maître Saint-Germain sont celles de l'être réalisé. Les termes « Les Énergies » sont utilisés pour éviter l'identification à une entité ou à un personnage. Bien qu'il se désigne sous le nom d'un être humain ayant vécu au XVIIIᵉ siècle (le comte de Saint-Germain), il a, après cette dernière incarnation, transcendé sa manifestation physique et « ascensionné » pour retrouver sa nature d'Être de Lumière, diluée dans le grand Tout. Le « Saint » fait référence à la « sainte fraternité des âmes », dont nous faisons tous partie, et non à la sainteté désignée par l'Église.

Que dit essentiellement le Maître Saint-Germain ?

Il nous dit entre autres : « Maître et disciple de soi-même », c'est-à-dire que nous sommes des êtres de nature universelle, mais d'essence individuelle, et que nous sommes tous venus sur la Terre pour exprimer notre individualité grâce à nos dons véritables, nos talents. C'est impossible de résumer rapidement son message, puisqu'il s'agit de tout un enseignement. Ces dernières années, nous avons retranscrit près de 200 canalisations publiques sur papier, et toutes sont actuelles et adaptées à notre époque. Le Maître Saint-Germain, qui peut être très drôle et même provocant, nous dit aussi que c'est bien de méditer et de simplement « être », mais qu'inévitablement, nous allons nous sentir poussés à passer à l'action, afin de retrouver notre nature divine et d'amener l'humanité à traverser le passage crucial que nous amorçons présentement.

Comment gagnes-tu ta vie aujourd'hui ?

J'enseigne ce que j'ai reçu du Maître Saint-Germain par le moyen d'ateliers et de conférences partout au Québec, au Nouveau-Brunswick et en Europe francophone. Il y a aussi des entretiens publics avec les énergies du Maître Saint-Germain, où les gens peuvent assister s'ils en ressentent l'envie. J'insiste pour dire que ces enseignements spirituels sont non sectaires, hors dogme et accessibles à tous. ■

www.rayonviolet.com

Francis Hosein, médium de transe profonde

RECEVOIR DES MESSAGES D'ENTITÉS DÉSINCARNÉES

Inspiré par le défunt médium Ian Borts, Francis Hosein a appris la transe profonde dans les années 1980. Depuis, il canalise des entités désincarnées nommées *Trans-Formers*, qui répondent aux questions des gens et les aident à régler leurs problèmes. Regard sur une grande « trans-formation ».

Francis Hosein était psychothérapeute et professeur de taï chi à New York avant de s'installer à Montréal avec sa femme, qui est Québécoise. En arrivant, il s'est mis à consulter régulièrement le célèbre médium de transe profonde Ian Borts qui, lui, canalisait des entités nommées *Speakers*. Interpellé par cette forme de communication, il a décidé d'apprendre à atteindre cet état altéré de conscience, qui est comparable à celui de l'hypnose profonde.

Francis, racontez-nous votre démarche pour apprendre la transe.
Après deux ans de consultation régulière avec les *Speakers*, des entités canalisées par Borts, j'ai voulu, moi aussi, faire ce travail. J'avais lu un livre sur le médium américain Edgar Cayce et j'étais fasciné par ses facultés psychiques. (*Cayce était reconnu pour faire des diagnostics très précis lorsqu'il était en transe profonde et pour guérir des gens que la médecine avait laissés à eux-mêmes. Il n'avait pourtant aucun savoir médical.*) J'ai donc décidé de développer cette technique et de me mettre au service des gens.

Comment avez-vous appris à atteindre cet état altéré de conscience ?
J'ai suivi un cours avec le directeur de transe de Ian Borts, qui était chargé de garder un contact avec le monde bien terrestre quand le médium

entrait dans un état altéré de conscience. Dès le premier exercice, je me suis senti partir. Il y a plusieurs formes de transe. La première fois, j'avais le sentiment d'être uni à l'Univers, de faire un avec le Tout. Je ne pouvais plus penser au «je», je ne pouvais penser qu'en termes de «nous».

Étiez-vous dans un état d'éveil ou plutôt en transe profonde?
J'étais entre les deux… Je ne sentais plus mon corps, mais

méditation et d'hypnose, pour atteindre graduellement un état qui se rapproche de celui du sommeil. Mais tout le monde n'y arrive pas aussi facilement. À cette époque, je trouvais la vie vraiment plate… J'en avais assez d'entendre toujours les mêmes complaintes des gens qui m'entouraient, et je voulais vivre autre chose. Puisque j'avais la volonté profonde et la capacité de m'abandonner complètement, j'avais plus de

« Avant de quitter mon corps, je vois une lumière éclatante. »

j'étais conscient de ce qui se passait autour de moi. Je ressentais une douleur intense au niveau du troisième œil *(le chakra situé au milieu du front)*, et il y avait de fortes odeurs de chlore. J'avais aussi la sensation d'être amoureux de tout le monde, d'être dans un espace de plénitude totale.

Comment vous sentiez-vous après être sorti de cet état?
C'était très difficile de me retrouver à nouveau dans mon corps, parce que lorsque je me trouvais dans cet état altéré de conscience, les émotions ne me touchaient plus. Bref, je n'avais aucune envie de revenir!

Quelle technique vous a-t-on enseignée pour entrer en transe?
C'est une combinaison de

facilité que d'autres à atteindre l'état recherché.

À quel moment les entités que vous canalisez se sont-elles présentées?
Il m'a fallu neuf mois de méditation et de pratique intensive, et un régime sévère, aux aliments alcalins, pour en arriver à quitter complètement mon corps. Il faut être très détaché de la matière pour se laisser aller de la sorte. Durant ce processus, je rêvais souvent aux entités. Je voyais aussi un vieux monsieur, qui me disait qu'il m'aiderait dans le processus de la transe. Puis, j'ai commencé à céder ma place à ces énergies.

Que se passe-t-il quand vous entrez en transe profonde?
Quand je m'apprête à quitter mon corps, je vois une lumière

blanche, à la fois douce et éclatante, comme une 100 watts qu'on aurait voilée. Donc, même si c'est très fort, ça ne me fait pas mal aux yeux. Puis, je « fusionne » avec cette lumière et, quand je reviens, je ne me souviens plus de rien. Il doit toujours y avoir un directeur de transe à côté de moi, pour que je m'enracine à mon retour.

Selon vous, qui sont ces *Trans-Formers* ?

Il s'agit d'un groupe de personnes décédées et d'entités qui ne se sont jamais incarnées. Dans les faits, quand les *Trans-Formers* s'adressent à quelqu'un, il s'agit toujours du même groupe, mais ce n'est pas nécessairement la même entité qui parle. Ils peuvent aussi prendre la parole chacun leur tour. Depuis 20 ans, ce sont toujours les *Trans-Formers* qui utilisent mon corps pour s'adresser aux gens qui me consultent.

Qu'est-ce que ces entités apportent aux gens qui vous consultent ?

Différentes choses… Leur philosophie est que chaque personne est Maître de sa vie. Elles vont donc aider les gens à voir la source physique, émotive et spirituelle de leurs problèmes, et les conseiller pour les aider à les régler. Pour se prendre en main et guérir quelque chose, il est important de comprendre l'origine du malaise. Et quand ces entités donnent des conseils, ils ajoutent que si la personne ne les applique pas, ça ne lui donnera rien de revenir.

Vous ont-ils transmis eux-mêmes le nom qu'ils portent ?

Oui, et c'est un nom que j'ai détesté au début, en raison de l'association facile à ces jouets pour enfants qui se transforment en différents personnages ou objets. Quand je leur ai fait part de mon objection, ils m'ont suggéré de l'épeler en deux mots, pour faire référence à la « trans-formation » des gens et à la formation visant à développer l'état de transe. ■

www.trans-formers.com

Jacqueline Morin, médium de transe profonde

GUÉRIR LES GENS AVEC L'ÉNERGIE DES ARCHANGES

Après s'être fait annoncer par une médium qu'elle ferait de la transe profonde, Jacqueline Morin, une boulangère de métier, a développé une façon d'accéder à cet état altéré de conscience. Depuis, elle sert de canal à des archanges, dont Michaël. Porte ouverte sur le ciel.

Depuis l'âge de sept ans, Jacqueline Morin sait qu'elle a un don pour la guérison, tant de l'âme que du corps. Mais c'est en secondant une médium de transe profonde – pour l'aider à rester enracinée durant ses séances de *channeling* – qu'elle a appris qu'elle était elle aussi médium. Aujourd'hui, Jacqueline se sert de ses mains pour guérir les gens et de son corps pour recevoir des énergies venues d'un autre monde.

Jacqueline, qu'avez-vous vécu à l'âge de sept ans?
Une de mes cousines est venue à la maison avec son petit bébé, qui pleurait beaucoup parce qu'il avait des coliques. Spontanément, j'ai demandé à ma mère de prendre le bébé dans

mes bras pour «lui enlever son mal de ventre». Ma mère ne nous laissait jamais prendre un bébé dans nos bras, de peur qu'on le blesse, mais cette fois-là, elle m'a fait confiance. Elle savait que je disais vrai.

Avez-vous réussi à le guérir?
J'ai déposé ma main sur son abdomen et, instantanément, sa douleur a été transférée dans mon ventre. Il s'est endormi, mais moi, j'ai dû m'allonger sur mon lit et me frotter le ventre jusqu'à ce que je m'endorme. À ce moment-là, j'ai pris conscience qu'il était possible pour moi d'enlever leur douleur aux gens, mais je ne savais pas le faire autrement qu'en prenant cette douleur dans mon corps. Alors, j'ai continué à le faire

de cette manière jusqu'à l'âge adulte.

La douleur était-elle réellement transférée en vous chaque fois ?

Pas toujours, mais très souvent… Surtout avec les bébés. Si quelqu'un de mon entourage avait mal quelque part, je posais ma main sur la région affectée ou je demandais que la douleur parte, vu que j'étais prête à la prendre en moi. Et c'est ce qui se produisait. Jusqu'au jour où mes amies m'ont poussée à

savoir ce que je pouvais faire pour ne plus être happée par la douleur des autres. En effet, même si je réussissais à ne plus prendre le mal en moi, je continuais à ressentir les malaises et la peine des gens que je rencontrais. Ce faisant, j'ai servi de directeur de transe au maître Reiki qui m'enseignait.

Comment avez-vous fait pour développer vous-même vos facultés de médium ?

Un jour, les Êtres de Lumière que ce maître Reiki canalisait

« J'ai pris la douleur des autres dans mon corps jusqu'à l'âge adulte. »

consulter une voyante, dans un marché aux puces.

Et que vous a-t-elle dit ?

Sans que je lui donne d'informations sur moi, elle m'a dit, à brûle-pourpoint : « Attends-tu d'avoir un cancer pour arrêter ça? » Puis, elle m'a expliqué que, pour faire mes guérisons, je devais me brancher à un élément de lumière, comme une étoile, pour que la douleur des autres n'entre pas dans mon corps. Elle a terminé en me disant qu'un jour, je serais guidée vers une autre forme de guérison.

Comment avez-vous découvert la transe ?

J'ai décidé de suivre un cours de Reiki. Mon seul motif était de

m'ont dit que j'avais beaucoup de potentiel pour la guérison et que je pourrais moi aussi canaliser des Énergies de Lumière. Plus tard, à travers un autre médium, on m'a fait faire des exercices. Par exemple, je devais ressentir les énergies qui se trouvaient dans la pièce. Puis, on m'a dit que je serais capable de canaliser les archanges. Mais moi, je ne voulais aucunement devenir *channel*.

Qu'est-ce qui vous a fait changer d'idée ?

Les Êtres de Lumière m'ont fait comprendre que je pouvais faire les deux et qu'ils avaient besoin d'un messager ! Et puisque j'avais une facilité à me laisser aller, le processus pour développer l'état de transe profonde s'est déroulé très rapidement.

Comment cela s'est-il passé?
Au début, j'étais semi-consciente quand je livrais des messages aux gens. C'était comme si j'assistais à la canalisation, mais assise à côté de mon corps! Puis, un jour, j'ai réalisé que je n'étais plus là. En fait, j'avais l'impression d'être là, mais mon accompagnatrice, celle qui me garde enracinée, m'a dit que les messages s'étaient très bien rendus, même si je croyais avoir répété la même chose pendant une heure! C'est comme ça que j'ai réalisé que j'étais sortie de mon corps et que je n'entendais plus ce qui se disait.

Que se passe-t-il physiquement quand vous entrez en transe?
Quand je me prépare, je demande à ce que mon canal soit rempli de lumière, de paix et d'amour. Je demande aussi que les archanges soient présents. Puis, je sens qu'une lumière s'étire derrière ma tête. Il m'arrive aussi de voir deux lumières se croiser, comme si je rencontrais celle qui prend ma place quand je sors mon corps.

Comment savez-vous qu'il s'agit d'archanges?
Avant de faire de la transe, on m'a livré le message que je canali-serais les quatre piliers de lumière: Michaël, Raphaël, Uriel et Gabriel. Il m'est arrivé aussi de canaliser l'énergie de Jésus. Ces énergies s'identifient quand elles se présentent.

Que faites-vous en dehors du *channeling*?
Je donne aux gens différents traitements en énergie qui stimulent la guérison. De plus, je reçois des enseignements qui m'ont inspiré une trilogie de fiction qui devrait être publiée un jour… ∎

www.alapointedusoleil.com

RECUEILLIR LES ENSEIGNEMENTS DES ÊTRES DE LUMIÈRE

D'abord travailleuse sociale et coopérante, Amlas-Marie a changé de nom pour adopter celui de son âme. Depuis 12 ans, elle prête son canal à des Êtres de Lumière qui lui transmettent des enseignements précieux. Tête-à-tête avec une femme branchée directement avec l'au-delà !

Après avoir œuvré pendant deux ans dans une léproserie, au Cameroun, Amlas-Marie est revenue au Québec pour enseigner. Vingt ans plus tard, l'appel étant trop fort, elle a tout plaqué pour se consacrer à sa nouvelle mission de vie : recueillir par canalisation les enseignements des Êtres de Lumière et les publier. *De l'inconscience à l'Amour* et *Appel aux Guerriers de Lumière* (Éditions Le Dauphin Blanc) sont les premiers résumés de ces rencontres singulières.

Amlas-Marie, pourquoi avez-vous changé de nom ?

Pendant des années, j'ai eu un maître spirituel d'origine indienne qui, un jour, m'a redonné le nom de mon âme. Il y avait déjà le prénom de Marie sur mon baptistaire, mais il lui manquait la sonorité qui rejoint le plus mon essence divine, celle du prénom d'Amlas.

Il y avait donc déjà chez vous une recherche spirituelle avant de devenir médium ?

Petite, je me questionnais déjà beaucoup sur le sens de la vie. Les voyages m'ont aidée à m'ouvrir, et j'ai vite réalisé que même si je trouve agréable de vivre dans ce monde matériel, je n'y suis pas attachée.

Comment avez-vous reçu vos premiers messages des Maîtres de Lumière ?

Un moment important pour moi a été d'être initiée au Reiki, ce qui a été une porte d'entrée

dans le monde de l'énergie. Je suis ensuite devenue maître Reiki, et c'est à ce moment que j'ai décidé de laisser l'enseignement traditionnel pour mieux me consacrer à mon nouveau rôle dans la vie. Le Reiki est une forme de canalisation en soi. Un jour, une femme que je ne connaissais absolument pas a frappé à ma porte pour me demander de devenir sa « directrice de transe » !

discuter, elle m'a dit que les Maîtres étaient là et qu'ils demandaient à utiliser mon canal. Quelque part à l'intérieur de moi, je savais que j'avais cette aptitude, mais je n'osais pas.

A-t-il fallu que vous appreniez à « partir » en transe profonde ?
Au fil du temps, avec l'aide de cette femme et d'un autre médium qui enseigne la façon

« Les Maîtres pouvaient me parler en plein restaurant ! »

Comment vous a-t-elle trouvée ?
Elle a simplement vu ma photo sur un dépliant dans lequel j'offrais des consultations de Reiki, et elle s'est sentie guidée jusqu'à ma porte ! Elle m'a dit que les guides lui avaient révélé que je devais lui servir de directrice de transe, c'est-à-dire lui apporter une assistance quand elle entrait en transe profonde. De fait, dans cet état, les médiums ne sont plus dans leur corps, ils peuvent donc avoir besoin d'être « enracinés » par une autre personne, ou de garder un lien avec le plan terrestre, si vous préférez.

Avez-vous accepté ?
Oui. Je l'ai accompagnée pendant quatre ans, et ç'a été mon école en quelque sorte. Quelque temps après, alors qu'on était assises au coin de la table à

d'accéder à ces plans de conscience, j'ai développé ma propre technique pour y arriver. Grâce à la respiration, à la détente profonde et à l'abandon, on peut apprendre à créer l'état de transe. Par contre, aujourd'hui, il ne m'est plus nécessaire d'avoir recours à la transe profonde, car je peux recevoir des messages en état d'éveil. J'ai mis mes conditions, si on veut. Parce qu'au début, les Maîtres pouvaient me parler en plein restaurant, par exemple, puisque je n'avais aucun contrôle sur mon canal !

Qui sont ces Maîtres dont vous parlez ?
Je suis ce qu'on appelle un canal universel, ce qui veut dire que je peux canaliser différents guides. Ceux dont il est question dans mon premier livre se sont nommés les Maîtres de

Lumière. On parle ici d'un groupe d'êtres qui ont déjà fait leur chemin sur la Terre (Jésus, Bouddha, Saint-Germain…) et qui ont maintenant comme mission de nous éclairer. Je peux aussi canaliser des êtres qui ne se sont jamais incarnés, comme Michaël, dont les enseignements aux Guerriers de Lumière (tous les gens qui veulent s'ouvrir à la conscience) sont retransmis dans le deuxième livre.

Quelle est l'essence de leur message?

L'essence de tous les enseignements, c'est toujours de nous ramener à notre nature divine, que nous avons oubliée au cours de notre vie. Nous nous identifions uniquement à notre nature humaine, mais il manque la partie la plus importante, soit de nous reconnaître dans l'Amour Universel, pour nous réaliser pleinement, loin des pièges de l'ego. Ces Maîtres nous expliquent aussi que la Terre est entrée dans un passage unique, vers la quatrième dimension.

Qu'est-ce que ça veut dire exactement?

La majorité des êtres humains vivent présentement dans la troisième dimension, celle de la dualité, de l'apparence et de la division. La Terre, elle, a déjà amorcé son passage vers la quatrième dimension, celle de l'Amour inconditionnel et de la conscience. C'est une étape de transmutation, et il y a de plus en plus de gens qui veulent vivre ce passage consciemment, en se libérant de leurs anciennes croyances et des conditionnements qui s'y rattachent. Je crois que nous y arriverons et que le temps est venu de nous entraider sur la Terre, dans l'unité et dans l'Amour. ■

www.guerriersdelumiere.com

L'enquête qui a confirmé ma médiumnité

Catherine Jobhe a finalement accepté sa médiumnité quand une enquête policière a confirmé ses facultés psychiques hors du commun après avoir corroboré ses visions. Ainsi, depuis près de 20 ans, elle consacre sa vie à recevoir les enseignements des Dames de Lumière.

Plus jeune, Catherine Jobhe, auteure de *L'ange gardien* et de *L'intuition* (Éditions Le Dauphin Blanc), voulait être chanteuse et monologuiste. Mais quand on a reçu un don aussi exceptionnel que celui de médium, la vie en décide parfois autrement… Après des années de « résistance », elle a finalement accepté son don privilégié et a décidé de s'en servir pour accompagner des gens dans leur quête d'évolution spirituelle.

Catherine, quels sont tes souvenirs d'enfance reliés à la médiumnité ?

Quand j'étais petite, je voyais des scènes se dérouler dans ma tête et, par la suite, ces événements se produisaient immanquablement dans la réalité. Ce qui m'arrivait le plus souvent, c'était de ressentir une émotion ou une difficulté que mes amis éprouvaient, comme si j'entrais dans leur univers. Je leur faisais savoir ensuite comment gérer cette émotion ou résoudre leur problème.

Savais-tu que tu possédais un don ?

Non. Je faisais ces choses naturellement, en croyant que tout le monde était comme moi. Ce n'est qu'à 28 ans que je me suis rendu compte que j'étais médium. À cette époque, j'ai lu le livre *Aliens Among Us*, de Ruth Montgomery, dans lequel l'auteure expose des dizaines de cas de gens ayant vécu des phénomènes paranormaux.

Pendant que je lisais un de ces cas, j'ai entendu dans ma tête : « Tu es médium, et pour te le prouver, d'ici trois semaines, quelqu'un va te raconter qu'il a vécu exactement le même phénomène. »

C'est ce qui s'est produit ?

Sur le coup, j'ai pensé que j'étais folle ! Il y avait tant d'exemples différents plus « flyés » les uns que les autres dans le livre que ça ne pouvait pas se produire. Or, effectivement, dans les

trois pages, que j'ai finalement remises à son destinataire, plusieurs jours plus tard.

Comment as-tu identifié les énergies que tu canalises ?

J'ai appris à entrer en transe et, à ma deuxième tentative, je me suis sentie enveloppée d'une grande énergie d'amour. On m'a dit que je canalisais les Dames de Lumière. Ce sont des énergies féminines non incarnées, provenant d'un autre niveau de conscience.

« J'étais en maudit de sentir que je n'avais pas le choix d'être médium. »

semaines qui ont suivi, un homme m'a raconté la même histoire qu'une de celles décrites dans le livre ! Par la suite, ça n'a jamais arrêté. J'entendais fréquemment dans ma tête les « directives » de mes guides.

Peux-tu nous donner un exemple ?

Pendant la période où je travaillais pour un denturologiste, j'ai reçu la visite de son père décédé. Il me disait que le jour où son fils me montrerait une photo de son père, ce serait le signal qu'il était prêt à recevoir un message. Quand mon patron m'a montré la fameuse photo, j'ai résisté autant que j'ai pu, jusqu'à me mettre des oreillers sur la tête, mais le père ne me lâchait plus. J'ai écrit

Comment as-tu réagi à leur présence ?

J'étais fâchée de sentir que je n'avais pas le choix d'être médium. Au début, d'ailleurs, je m'imposais un régime de moine. Je jeûnais, je méditais quatre heures par jour, parce que j'avais peur de ne pas être à la hauteur. Aujourd'hui, ça me prend quelques secondes pour entrer en transe et, quand je reviens à moi, je ne me souviens généralement de rien.

Quand as-tu accepté de devenir *channel* à temps plein ?

Le jour où un de mes amis m'a permis de participer à une enquête policière sur un meurtre. On m'a fourni le jour et l'heure du meurtre, et le nom de l'homme qui venait de se faire assassiner pour que je trouve des indices. Je me suis mise à avoir des visions, comme si un film était projeté dans ma tête. Je voyais le gars se faire tirer dessus derrière une maison, puis le meurtrier prendre la fuite et tous les détails de la suite des événements. La police a confirmé toutes mes visions, et ça m'a permis d'accepter mon don.

Quel est le but des enseignements que tu reçois ?

Les Dames de Lumière aident les gens à comprendre ce qu'ils vivent sur le plan émotionnel. Elles font preuve d'une telle douceur et d'une telle compassion que les gens qui me consultent ou qui assistent aux ateliers ont l'impression d'être avec un ami à qui ils peuvent tout dire. Les deux livres que j'ai écrits sont tirés d'ateliers au cours desquels les participants posaient des questions aux Dames de Lumière sur leur ange gardien et sur l'intuition. Le but de ce travail est de permettre à chacun de développer une relation avec son ange gardien et de voir l'intuition comme un outil formidable de développement.

Que t'apportent ces énergies au quotidien ?

Avec le recul, je constate que leur compassion et leurs enseignements m'ont aidé à surmonter plus facilement les difficultés. En toute humilité, grâce à Elles, je crois être de plus en plus ce que mon âme aspirait à devenir. ■

www.catherinejobhemedium.qc.ca

Pierre Fortin, infirmier et médium

RECEVOIR DES ENSEIGNEMENTS D'UN AUTRE MONDE

Pierre Fortin côtoie la mort quotidiennement depuis 21 ans comme infirmier en salle d'urgence. En 1995, il s'est mis à recevoir des messages de guides et de personnes décédées. Il peut maintenant faire le lien entre la vie d'ici et celle de l'au-delà. Parcours d'un soignant… de l'âme.

Père de trois enfants, Pierre Fortin s'est réorienté et est devenu infirmier après avoir perçu des signes de son grand-père décédé. Au cours des 12 dernières années, il a développé sa médiumnité et a écrit trois livres, dont le dernier, *Retours au bercail* (Éditions Le Dauphin Blanc), démystifie ce passage qu'est la mort.

Pierre, racontez-nous votre expérience avec votre grand-père décédé.
J'avais quitté un emploi en administration qui ne me convenait pas, et mes prestations de chômage allaient bientôt cesser. Je ne savais pas vers quel métier m'orienter. Chez moi, je gardais la chaise berçante de mon grand-père

maternel, que nous hébergions pendant ma jeunesse. Un soir, le fauteuil s'est mis à bouger tout seul. On était en plein hiver, les fenêtres étaient fermées, bien sûr, et je l'entendais grincer.

Qu'est-ce que ça voulait dire pour vous ?
En fait, le même phénomène s'est produit quelques jours plus tard, et ce n'est qu'à ce moment-là que j'ai pensé à mon grand-père. Je l'entendais me dire à l'oreille : « Va travailler dans les hôpitaux. » J'ai donc postulé un emploi à l'Hôtel-Dieu de Montréal, où j'ai commencé comme préposé aux bénéficiaires.

Comment s'est développée votre médiumnité ?

Tout a commencé un jour où j'accompagnais une femme vers la mort. Je sentais la présence de plein d'êtres dans sa chambre et, intuitivement, je me suis mis à lui masser le troisième œil *(chakra situé au milieu du front)*. Je lui ai alors dit qu'elle pouvait retourner d'où elle venait, que plusieurs personnes l'attendaient de l'autre côté.

Quel événement est venu confirmer ce que vous expérimentiez ?

lié à un vécu très lourd dans cette vie-ci et que je lui avais apporté une lumière pour l'aider à lâcher prise. Puis, j'ai accompagné mon beau-frère dans la mort et, quatre ans plus tard, il est venu me transmettre un message…

Comment cela s'est-il présenté ?

Pendant un mois, je voyais des mots écrits en lettres blanches devant moi. Ça disait tout simplement : « Salut, mes amours ! » Je n'avais aucune idée de qui

« Je voyais des mots écrits en lettres blanches devant moi. »

J'ai vécu quelque chose de semblable avec un homme entré à l'urgence qui faisait des arrêts respiratoires à répétition. Je sentais sa peur de mourir, alors je me suis simplement approché de lui pour lui dire que lorsqu'il serait prêt à partir, je l'accompagnerais. Je lui ai donné la main, et il s'est laissé aller. Peu de temps après, j'ai consulté la médium Marjolaine Caron, qui reçoit des messages de personnes décédées par écriture automatique, et j'ai été très étonné que l'homme soit au rendez-vous !

Que voulait-il vous transmettre ?
Il voulait me remercier de l'avoir accompagné, parce qu'il avait tellement peur de mourir… Il m'expliquait que c'était surtout

ils provenaient. Au bout de 30 jours, il a fallu que je m'assoie pour écrire, tellement l'énergie était intense ! C'était comme si cette vibration poussait pour entrer en moi. C'est à ce moment que j'ai réalisé que Stéphane, mon beau-frère, voulait communiquer avec moi. Ses trois premiers mots étaient : « Salut, mes amours ! »

Comment vous sentiez-vous en écrivant ces mots ?
J'avais l'impression que mon cœur allait sortir de ma cage thoracique tant l'énergie d'amour était grande ! Après avoir écrit le message, j'aurais pu serrer tout le monde dans mes bras. Cet amour que j'avais reçu m'habitait vraiment ! Par la suite, je me suis mis à voir des

Êtres de Lumière dans une forme humaine, mais qui sont beaucoup plus grands que nous et qui brillent. Ce sont eux qui sont venus me transmettre les enseignements de mes livres.

Pourquoi avez-vous eu envie de les rendre publics ?

Au début, je croyais que ces Êtres me transmettaient toute cette information pour moi et ma famille. Ils me donnaient des thèmes comme l'amour, la mort et la naissance, sur lesquels ils voulaient livrer des enseignements. Mais ils m'ont fait comprendre que je devais en faire des livres.

Que dit, dans son essence, votre dernier livre, *Retours au bercail* ?

Ce livre a été écrit pour démystifier la mort, dissoudre la peur associée à ce passage et lui redonner son sens sacré. En effet, la mort est aussi sacrée que la naissance. Les enseignements viennent des Êtres de Lumière, mais j'y ai ajouté des cas vécus en consultation, à travers des messages de personnes décédées. *Retours au bercail* explique notamment qu'il y a différents paliers dans le plan astral et que ce qui existe en bas, sur Terre, existe aussi en haut.

Quoi, par exemple ?

Entre autres, il y a aussi des écoles et des hôpitaux dans l'au-delà. Avant de repartir, il est important de prendre conscience de qui nous sommes vraiment, c'est-à-dire du divin en nous. S'il y a des blessures, il est intéressant de les guérir sur Terre, parce qu'une fois rendu en haut, nous restons avec la même conscience et les mêmes blocages. La personne qui est complètement fermée peut errer longtemps dans le bas astral, plan qui est associé aux mêmes vibrations que celles de la Terre. D'où l'importance de préparer sa mort dans l'amour et la conscience !

À part l'écriture de livres, que faites-vous avec votre don ?

J'offre aussi des consultations privées aux gens qui veulent contacter un être cher décédé ou avoir des messages de leurs guides. ■

sony_soleil@yahoo.ca

Luc Lightbringer, médium clairvoyant
LIRE LE PASSÉ...
ET L'AVENIR !

Luc Lightbringer est un « sensitif » à l'état pur. Non seulement il voit et entend les êtres décédés et les Guides de Lumière, mais il peut aussi lire l'avenir et le passé de ses clients comme on lit un livre. Dialogue avec un homme au sixième sens à fleur de peau.

Comme la plupart des médiums, Luc Lightbringer a connu ses premières perceptions extrasensorielles dans son enfance. À cette époque, il ne pouvait pas comprendre pourquoi il était si différent des autres enfants, alors il a tenté de se faire accepter de toutes les façons imaginables, en passant même par la délinquance. Dans la trentaine, sa différence l'a rattrapé, et aujourd'hui, non seulement il l'assume, mais il s'est taillé une place de choix à titre de médium, notamment chez de nombreux artistes de la métropole.

Luc, pour quelle raison utilises-tu le nom de « Lightbringer » ?

Un jour, je suis allé me promener à l'abbaye Saint-Benoît pour y acheter du chocolat. Un moine est soudainement sorti de nulle part et, sans savoir mon prénom, il m'a abordé en me disant : « Tu sais, le nom Luc veut dire celui qui apporte la lumière. » C'est comme s'il avait servi de messager pour que je porte ce nom. Et puisque je me fais constamment arrêter dans la rue par des clients qui veulent que je leur prédise l'avenir ou que « j'arrange » leur vie qui ne va pas bien, j'ai décidé de protéger un peu ma vie privée en changeant de nom de famille.

Depuis quand te sens-tu différent des autres ?

Depuis l'enfance. Déjà, à 6 ou 7 ans, j'étais mort de peur parce que j'entendais des voix et que

je voyais des esprits. En plus, je ne pouvais pas en parler autour de moi, car je savais qu'on me prendrait pour un fou. À l'adolescence, je suis devenu complètement rebelle. Je voulais tant être comme les autres, mais je savais que je n'avais rien en commun avec qui que ce soit. J'avais même le don de manipuler l'énergie…

Raconte-moi…

Je me souviens, entre autres, d'une « brosse » d'ado avec mes chums, à la campagne. On vais pas correct d'avoir agi ainsi. Le chien est aussitôt redevenu alerte, et moi, complètement « coma ». Ce jour-là, j'ai réalisé que non seulement je ressentais, je voyais et j'entendais d'autres formes d'énergie, mais que je pouvais aussi manipuler l'énergie.

Quel effet cela a-t-il eu sur toi ?

Ça m'a plongé dans une profonde crise existentielle. Imagine la situation… Quand je me faisais une nouvelle blonde,

« Mes parents m'ont entendu prédire le tsunami. »

avait, disons, « emprunté » une voiture pour la soirée, et il était temps de revenir à la maison, mais on était tous trop saouls pour conduire. Un de mes amis avait son chien avec lui, et je me suis mis à être jaloux de l'animal, qui semblait aller très bien. Alors, j'ai simplement dit au chien : « Toi, tu me donnes ce que tu as ! » Par miracle, le chien est tombé par terre, comme s'il était ivre. Soudain, j'ai retrouvé toutes mes facultés ! J'ai donc pu conduire la voiture jusqu'à la maison sans mettre en danger la vie de mes copains.

Qu'est-il advenu du chien ?

Avant de me coucher, j'ai transféré à nouveau l'énergie au chien, parce que je ne me trou-

je savais d'avance ce qu'elle voulait me dire. Je savais même qu'elle allait me tromper avant que ça arrive ! En chemin, j'ai perdu tous mes amis. J'ai donc tout fait pour renier mon don, mais il m'a rattrapé.

Comment en es-tu arrivé à l'accepter ?

J'ai rencontré une médium qui m'a essentiellement révélé ceci : « Un jour prendra place la grandeur de l'homme qui doit régner. » Je me suis dit qu'elle était encore plus flyée que moi, qu'elle devait se faire soigner ! Mais cela a tout de même marqué le début de ma quête. Plus tard, j'ai rencontré, par hasard dans la rue, un autre *channel*, qui m'a apostrophé pour me dire que j'étais moi aussi médium et que je devais l'accepter, parce que des gens avaient besoin de moi.

Quand as-tu décidé d'en faire un métier ?

Je devais avoir 30 ans quand j'ai accepté d'en parler à mes proches pour la première fois, mais ce n'est que vers l'âge de 35 ans que j'ai décidé de donner des consultations privées, des conférences et des cours à d'autres médiums.

Comment ta famille a-t-elle réagi ?

Il est arrivé ce qui devait arriver : plusieurs m'ont fui. Toutefois, mes parents me soutiennent entièrement. Mais ils ont dû s'adapter, parce que pour eux, un médium spiritualiste, ça devait ressembler à Nostradamus et porter une grande robe de pape ! Ils m'ont entendu prédire le tsunami quelque temps avant qu'il se produise et les attentats de Londres devant une salle d'une trentaine de personnes. Sur le coup, ils croyaient que je faisais un fou de moi, mais quand le 26 décembre 2004 est arrivé, ils se sont ravisés…

En quels termes avais-tu prédit ces événements ?

Pour le tsunami, j'avais dit qu'à peine relevé des fêtes, le monde verrait une vague géante déferler, qu'une grande partie de l'Asie serait engloutie, qu'il y aurait des milliers de morts et qu'on aurait besoin d'aide pour guider ces âmes vers la lumière. Pour Londres, j'ai dit que sous Big Ben, des bombes allaient sauter dans un autobus et dans des tunnels.

Tu as hésité longtemps avant d'accepter cette entrevue… Pourquoi ?

Je ne croyais pas mériter toute cette attention. Mais un matin, les guides m'ont réveillé. Ils étaient tous assis au pied de mon lit. Ma conjointe, qui est aussi médium, les voyait très bien, et la chienne jappait comme une perdue tant leur présence était palpable. Ils m'ont dit : « Luc, tu ne seras jamais prêt de toute façon… Alors, tu rappelles la journaliste, et le reste, on s'en occupe ! » Et te voilà devant moi ! ■

www.luclightbringer.com

Josée Leblanc, médium

« J'AI REÇU LES MESSAGES D'UN SUICIDÉ »

Après s'être fait confirmer par une médium réputée qu'elle pouvait, elle aussi, faire de l'écriture automatique, Josée Leblanc s'est mise au travail. Quelques années plus tard, elle recevait les messages d'un jeune de 14 ans, Samuel, qui s'est suicidé. Histoire d'une intuitive déterminée.

Il aura fallu 63 jours de traversée du désert à Josée Leblanc pour recevoir ses premiers messages « psychographiés » (par écriture automatique). Pour y arriver, elle n'a eu qu'à suivre les conseils d'une médium d'expérience et à méditer de façon assidue. Après des années de pratique, où elle a reçu des dizaines de messages d'esprits et d'Êtres de Lumière, elle a voulu comprendre pourquoi certaines personnes, surtout des jeunes, pouvaient en arriver à se suicider. Elle a posé la question, et Samuel (nom fictif) lui a répondu…

Josée, pour quelle raison avez-vous consulté une médium ?
En 1994, j'avais su que la médium Marjolaine Caron, qui transmet des messages de personnes décédées, venait dans mon coin, à Disraëli, et je suis allée la consulter. La première chose qu'elle m'a dite, c'est : « Toi, tu vas faire la même chose que moi, de l'écriture automatique ! » J'étais très surprise et je lui ai demandé comment elle pouvait savoir ça.

Quelle a été son explication ?
Elle le sentait par l'énergie que je dégageais. En plus, elle sentait que beaucoup d'esprits voulaient entrer en contact avec moi. Elle m'a dit que si je m'en donnais la peine, j'arriverais moi aussi à communiquer avec l'au-delà. Puis, elle m'a montré comment méditer, ce que j'ai fait pendant 63 jours consécutifs.

Quelle technique deviez-vous utiliser?

Pour capter les entités du haut astral, soit les énergies les plus lumineuses, il faut se trouver dans un état de hautes vibrations. Sinon, on peut capter des énergies plus négatives du bas astral. À force de faire le vide à l'intérieur, j'ai commencé à ressentir des engourdissements dans les bras. C'est le premier signe qui m'a fait croire que je ferais vraiment de l'écriture automatique, et non de la clairvoyance ou une autre forme de médiumnité.

Il ne s'était rien produit d'autre pendant ces deux mois?

J'avais eu quelques signes, dont ceux de la présence de mon guide. Un jour, j'ai vraiment senti une main dans mon dos et dans mes cheveux. À un autre moment, j'ai entendu clairement: « Regarde devant toi. » En ouvrant les yeux, j'ai vu une forme humaine un peu brumeuse devant moi. Je savais que c'était lui.

Et après les 63 jours?

Après chaque méditation, j'écrivais. Pendant 62 jours, rien ne s'est produit. Au 63ᵉ jour, ma main est partie toute seule! J'ai eu tellement peur que j'ai lancé le crayon! J'étais convaincue que c'était moi qui le faisais bouger. J'ai réessayé et le crayon est encore parti tout seul. Il faisait surtout des « barbeaux ». Pendant un mois, je n'ai rien fait d'autre que des dessins.

Quel a été votre premier message?

Un jour, après avoir rempli plusieurs pages de dessins, mon crayon a signé « Uriel ». C'est un Guide de Lumière, et

> « Il n'avait pas le droit d'abréger sa vie ainsi. »

Marjolaine Caron m'a confié par la suite qu'il avait été son premier guide à elle aussi. Je me suis aussitôt mise à lui poser des questions sur tous les sujets en rapport avec l'au-delà, et j'ai obtenu des réponses! Puis, j'ai essayé de prendre des messages de personnes décédées que je connaissais. Je ne me croyais pas quand je me relisais.

Qu'est-ce qui vous a convaincue?

Après avoir remis plusieurs messages très personnels à des amis de personnes décédées que je ne connaissais pas, j'ai commencé à me croire… un peu!

Racontez-nous votre rencontre avec Samuel.

Samuel s'est manifesté en 2002. Avec tout ce que je recevais comme dose d'amour de ces différentes entités, je ne comprenais pas comment des jeunes pouvaient en arriver à faire un geste aussi désespéré pour régler leurs problèmes. J'ai donc demandé qu'on me mette en contact avec une entité suffisamment évoluée pour qu'elle m'explique son choix et son parcours dans l'au-delà. On m'a envoyé Samuel, qui se préparait à se réincarner.

Combien de temps ont duré vos communications?

Nos échanges ont duré un an. Puis, j'ai écrit le livre *Si j'avais su! Propos de Samuel, 14 ans, suicidé* (Éditions du Fada). Je voulais comprendre pourquoi il avait fait ce geste. Il m'a expliqué qu'il avait vu son meilleur ami se noyer sous ses yeux, sans pouvoir le secourir. Il m'a aussi confié que le suicide n'est pas une solution.

Quelles raisons vous a-t-il données?

Samuel a erré pendant une quarantaine d'années terrestres dans le bas astral. Il a ressenti beaucoup de honte et de culpabilité. Personne ne le jugeait. Pourtant, il s'infligeait à lui-même sa propre punition. Il se rendait compte qu'il n'avait pas le droit d'abréger sa vie ainsi, qu'il avait choisi une mission dans cette dernière incarnation et qu'il n'avait pas pu l'accomplir. Il devra revenir pour le faire…

Comment se prépare-t-il à sa «réincarnation»?

Il choisira un contexte pour finir ce qu'il devait accomplir dans sa vie d'avant. Il se placera dans des situations qui l'amèneront à vivre les mêmes émotions que celles qui l'ont poussé au suicide, afin de transcender ce thème. Il arrivera avec un bagage plus solide en raison de son évolution dans l'au-delà. Mais même s'il est mieux préparé à cette incarnation, ce ne sera pas facile.

Comment ont réagi vos lecteurs?

Ils me disent que le livre leur fait prendre conscience de beaucoup de choses qu'ils ne pouvaient même pas imaginer. Je sais aussi que ce bouquin a sauvé la vie de gens qui avaient l'intention de commettre un geste irréparable. ■

angel@ivic.qc.ca

Nathalie Poulin, médium et thérapeute

« LA MORT QUI M'A RENDUE MÉDIUM »

Accompagnée en permanence par « une boule de lumière blanche » qui se tient à sa gauche, la médium et thérapeute Nathalie Poulin s'est donné le mandat de transmettre le message de ses anges. Précisions d'une intermédiaire hors de l'ordinaire.

Nathalie Poulin est la médium la plus en vue de la région de Québec, où elle participe souvent à des émissions de radio et de télé. Auteure des livres *Des anges à nos portes* et *La voix de Nathalie P.*, Nathalie a commencé à s'intéresser à la mort et à l'au-delà dès son plus jeune âge, après que sa grande sœur, âgée de seulement cinq ans, est décédée des suites d'une maladie rénale.

Nathalie, comment ta mère a-t-elle vécu la mort tragique de ta sœur ?

Ma mère a dû vivre ce deuil épouvantable sans aide, avec un bébé de huit mois sur les bras. Et moi, comme tous les bébés, j'étais une véritable éponge. Je suis rapidement devenue une petite fille très sensible, qui ne pouvait jamais regarder les gens dans les yeux, parce que toutes leurs émotions entraient dans mon corps. À l'âge de quatre ans, je me suis mise à chercher ma sœur décédée partout, pour pouvoir la redonner à ma mère. Je suis demeurée complètement obsédée par l'idée de la mort et par celle de Dieu, jusqu'à ce que je commence l'école.

D'après toi, est-ce cette réalité qui t'a poussée à développer ta médiumnité ?

C'est certain ! Mais j'ai aussi suivi une thérapie, qui a duré sept ans, quand j'étudiais la psycho à l'université. À la fin de cette démarche, après avoir compris qui j'étais vraiment et réussi à me guérir des blessures

de mon enfance, j'ai commencé à avoir des signes de ma médiumnité. Avant ça, j'étais tellement perméable à toutes les émotions que je ne savais jamais si ce que je ressentais venait de moi ou de la personne avec qui je me trouvais.

De quelle façon ton don de médium se manifestait-il ?
Au début, je m'amusais avec mes facultés. Je disais à mes amis comment telle ou telle

humains. Puis, j'ai vécu d'autres expériences mais, à force de faire ce genre de trucs, je me suis fait prendre à mon propre jeu. Je ne pouvais plus distinguer le monde des esprits du monde des humains. Je vivais littéralement dans le monde « éthérique ».

C'est à ce moment que tu as tout laissé tomber ?
Pendant plus de 10 ans, je n'ai fait que de la musique. Puis, à la

« Je suis devenue l'intermédiaire entre les esprits et les humains. »

personne se sentait et, chaque fois, ça s'avérait. Si quelqu'un se présentait devant moi avec un mal d'épaule, par exemple, je le ressentais instantanément dans mon corps. Mais je ne contrôlais pas bien mes réactions devant cette nouvelle réalité. J'ai vécu une forme de possession et j'ai dû m'arrêter.

Que veux-tu dire par une forme de possession ?
J'avais entendu à la radio qu'une maison en Beauce était hantée, que de l'huile sortait des murs et que les habitants entendaient toutes sortes de bruits bizarres. Je me suis rendue sur place, en me disant que j'étais médium et que je pouvais les aider. Je voulais aussi me tester. Rapidement, je suis devenue l'intermédiaire entre les esprits et les

naissance de mon fils, tout a basculé de nouveau. Je savais que je devais changer de vie, le monde de la musique étant trop instable. Pendant trois mois, j'ai décidé de ne rien faire, sauf m'occuper de mon fils, question de créer volontairement un vide complet en moi. Un jour, j'ai soudainement vu une « boule de lumière » apparaître à ma gauche. J'ai demandé aux guides ce que je devais faire et j'ai entendu : « Donne à quelqu'un gratuitement, sans rien attendre en retour. »

L'as-tu fait ?
Je n'avais pas un sou à cette époque, je ne pouvais pas donner grand-chose, mais j'ai quand même choisi, au hasard, une personne dans l'annuaire

téléphonique à qui j'ai envoyé un don anonyme de 20 $! La nuit suivante, la « boule de lumière » m'a réveillée à 3 h du matin. Je me suis mise à recevoir des communications sur lesquelles je n'avais aucun contrôle. Les premières étaient très explicites, elles traitaient de la pollution et de la menace qui pèse sur notre planète.

Est-ce que ça recommençait toutes les nuits?

Oui. De 3 à 5 h, pendant près de trois semaines, je recevais des messages sur toutes sortes de sujets d'intérêt public. À un moment donné, je n'en pouvais plus, j'étais complètement épuisée! J'ai demandé à mes guides ce que je devais faire avec toute cette information. Ils m'ont alors transmis le titre de mon livre, *Des anges à nos portes*. J'ai donc commencé à enregistrer sur cassette tout ce que je recevais et à le retranscrire. Malheureusement, j'ai perdu les premières communications, car je n'ai pas eu le réflexe de les noter.

En plus du livre, tu offres aussi des consultations privées ou en groupe à titre de thérapeute. Que fais-tu exactement?

C'est une forme de thérapie en accéléré. Avec les guides, on libère les énergies qui sont restées bloquées. J'ai reçu une femme dernièrement qui avait des problèmes sexuels dont elle ne trouvait pas la cause. J'ai tout de suite « vu » qu'elle avait été violée dans une autre vie, alors qu'elle n'avait que huit ans. On a ensuite fait un travail énergétique. Pour une autre cliente, on m'a montré qu'elle avait perdu sa mère à l'âge de trois ans – ce qui était vrai – et que cela lui avait laissé de nombreuses marques encore visibles aujourd'hui. Le travail des guides est parfois de rappeler aux gens d'où viennent leurs traumatismes pour mieux les guérir. ∎

www.revelationlumiere.org

Caroline Leroux, médium pour animaux

COMMUNIQUER AVEC LES BÊTES PAR LA PENSÉE

Au tournant de l'an 2000, l'ex-coordonnatrice de production télé Caroline Leroux a tout plaqué pour se consacrer à un métier pour le moins singulier, celui de communicatrice avec les animaux. Comment l'exerce-t-elle ? Par télépathie. Rencontre avec une femme qui a du chien !

Caroline Leroux a toujours aimé les animaux. Petite, les bêtes étaient ses confidentes préférées. Ce n'est pas qu'elle n'aime pas les humains, au contraire, elle est très sociable. Mais les animaux l'ont toujours beaucoup touchée et, un jour, elle a appris qu'on pouvait communiquer avec eux. Il n'en fallait pas plus pour qu'elle mette à profit son front de bœuf et sa tête de cochon, et qu'elle parte à la conquête d'un domaine encore inexploré ici au Québec : la communication interespèces.

Caroline, comment as-tu su que tu avais un don pour communiquer avec les animaux ?
D'abord, je n'ai pas de don. Tout le monde est télépathe. J'ai toujours senti une douleur très vive en constatant à quel point les animaux pouvaient être maltraités par les humains. Vers la fin de la vingtaine, alors que je travaillais pour la télé, j'ai vu un documentaire à PBS sur une femme qui communique avec les animaux de façon télépathique, ce que les Américains appellent *animal communicator*.

Qui était cette femme ?
Samantha Khury, une spécialiste de la communication interespèces. Quand je l'ai vue, j'ai d'abord trouvé que ma mère et elle se ressemblaient comme deux gouttes d'eau, ce qui m'a interpellée. Puis, j'ai eu la bonne idée d'enregistrer le reste du documentaire, parce que le sujet me touchait de façon

viscérale. Je me suis même dit, à voix haute : « Moi, je vais faire ça ! »

Que s'est-il passé par la suite ?

Tout a été organisé par « le gars des vues » ! Quelques mois plus tard, je suis allée faire de l'équitation dans les Cantons-de-l'Est. En allant aux toilettes, qui se trouvaient à l'intérieur de la maison de ferme, j'ai entendu une femme dire à des gens, en anglais, qu'ils allaient faire un exercice pour parler aux chiens ! Je me suis dit que c'était complètement fou, qu'il fallait que je sache de quoi il s'agissait.

Et que faisaient ces gens ?

Ils assistaient à un cours sur la communication animale. Voyant que les participants partaient tous avec un calepin et un crayon, j'ai demandé à la femme ce qu'elle enseignait exactement et, de fil en aiguille, elle est devenue ma prof. C'était tellement clair pour moi qu'on avait mis cette personne sur ma route… Il fallait absolument que je saisisse cette chance. Les deux années suivantes, j'ai fait de fréquents séjours dans l'État de New York, pour suivre ses ateliers.

Et comment développe-t-on la communication animale ?

J'ai connu une percée majeure dès le premier atelier. Ma professeure, Dawn Hayman, est propriétaire d'un sanctuaire d'animaux. Elle nous y avait envoyés faire notre premier exercice de communication, mais il y avait tant d'animaux que je ne savais pas par où commencer. Comme tous les débutants, je

> « Les animaux ont un langage universel. »

me disais que je n'y arriverais pas. Découragée, je me suis assise sur une roche, et une oie a marché vers moi. Puis, elle est littéralement entrée dans ma tête…

Que veux-tu dire par là ?

Je sais que ça a l'air drôle quand je raconte cette histoire. J'avais l'impression qu'elle était dans ma tête et qu'elle me parlait. Elle me disait qu'elle gérait tous les canards et toutes les oies de la basse-cour. La voix que j'entendais était la mienne, mais teintée de sa personnalité de petit caporal de l'armée ! Quand j'ai dit ça à Dawn, elle a éclaté de rire. Apparemment, cette oie est surnommée Anny Birth Control. Elle a mauvais caractère, elle crie dès qu'elle voit les mâles monter les femelles et elle les empêche d'aller plus loin, parce qu'il y a un problème de sur-population au sanctuaire! Et ce n'est pas tout…

Que t'a-t-elle dit d'autre?

Elle m'a dit que je devais faire des étirements, parce que mon corps manque de souplesse, ce qui est tout à fait vrai. Et en disant cela, elle a levé une patte et l'a étirée vers l'arrière. J'ai tellement « freaké » que je suis partie en courant!

Que fais-tu de cette faculté aujourd'hui?

À partir de ce moment, soit en 1992, mes capacités télépathiques ont décuplé. Après des années de pratique, j'ai laissé mon travail en télé pour me consacrer à la consultation, et j'enseigne aujourd'hui la communication animale partout au Québec. Les gens m'appellent pour différentes raisons, notamment pour savoir si c'est le temps de laisser partir leur animal, quand il est vieux ou très malade.

Raconte-nous une anecdote.

Il y en a plein! Récemment, une amie m'a demandé d'entrer en communication avec une nouvelle jument de son écurie. Je me suis donc « connectée » à celle-ci et, instantanément, elle est venue appuyer sa tête sur ma poitrine. Puis, elle m'a dit qu'elle avait de la difficulté à « engager ses postérieurs », ce qui veut dire, en équitation,

qu'elle manque de force au niveau du bassin. Mon amie m'a aussitôt confirmé que c'était vrai. La jument a ajouté qu'elle avait une dent qui lui faisait mal en arrière, du côté droit, et qu'elle était fatiguée de se faire appeler « l'âne ».

Est-ce que ça s'est avéré?

Le vétérinaire a découvert par la suite qu'elle avait une dent de loup, c'est-à-dire une dent très pointue, ce qui dérange les bêtes. En plus, j'ai appris que sa maîtresse l'appelait toujours « l'âne », juste pour rire!

Pour toi, est-ce que les animaux ont une âme?

Oui, ce qui nous permet de communiquer avec leur esprit. En tant qu'être humain, mon cerveau fonctionne avec des mots, alors ce sont des mots qui me sont transmis par télépathie. Mais les animaux ont un langage universel, qui s'ajuste à nos moyens de communication. ■

www.communication-animale.net

Juanita McKelvey, médium

COMMUNIQUER AVEC LES ANIMAUX PAR TÉLÉPATHIE

Le Dr Dolittle peut aller se rhabiller, Juanita communique elle aussi avec les animaux, et ce, depuis sa plus tendre enfance. Mais il lui aura fallu des années pour l'accepter et passer par-dessus son propre scepticisme. Rencontre avec une femme qui réussit à pénétrer la conscience des animaux.

Quand elle était petite, Juanita attirait les chiens à elle comme un aimant. Depuis une douzaine d'années, elle pratique le métier peu orthodoxe de médium pour animaux, dans son petit patelin des Cantons-de-l'Est. Comment est-ce possible? Les animaux ont-ils une âme? Est-ce que tous les chiens vont au paradis? Il semble bien que oui, si l'on en croit l'expérience pour le moins spéciale de cette femme.

Juanita, quel est votre plus lointain souvenir de communication avec les animaux?

En fait, ce n'est pas un souvenir, c'est ma mère qui me l'a raconté. Quand j'avais aussi peu que deux ans et que nous partions faire un pique-nique dans un parc, il y avait toujours un chien qui apparaissait et qui me suivait, ce qui faisait peur à ma mère. Selon elle, je semblais n'avoir aucune crainte, car je pouvais passer des heures à marcher à côté du lui, les bras autour de son cou. Si je m'assoyais, il se couchait près de moi. Et quand nous repartions à la maison, le chien s'en allait, tout simplement. C'était peut-être un ange pour moi, qui sait?

Quand avez-vous réalisé que vous aviez un don pour communiquer avec les animaux?

Je croyais que tout le monde était comme moi. Un jour, j'ai assisté par curiosité à l'atelier d'un médium qui aidait les gens à mieux comprendre le langage

des animaux. Cette personne, qui avait été formée par l'experte américaine Penelope Smith (*reconnue pour son don de communication « inter-espèces »*), parlait simplement avec l'animal d'une des participantes, et j'ai réalisé que je pouvais le faire tout aussi bien. Sur le coup, ça m'a effrayée. Puis, j'ai décidé d'exploiter ce don, puisque j'ai compris que nous venons tous de la même source et que les animaux ne sont pas si différents des êtres humains, sauf qu'ils ont natu-

munication avec les animaux. Là-bas, j'ai vécu beaucoup de frustrations. Franchement, je trouvais toute l'entreprise ridicule jusqu'au jour où, par dépit, je me suis réfugiée dans les ruines d'une grange qui avait brûlé, afin de faire le vide et de réfléchir à ce que je faisais dans cet endroit. Tout à coup, j'ai vu une chatte apparaître et se mettre à me parler.

Que vous a-t-elle dit?

Elle m'a dit qu'elle s'appelait Merlin, qu'elle était la gar-

« J'ai vu une chatte apparaître et se mettre à me parler. »

rellement la faculté de communiquer par télépathie.

Comment pouvez-vous savoir ça?

Je peux vous donner l'exemple très simple de mes chiens. Quand je décide d'aller faire des courses, 15 minutes avant le départ, ils commencent à s'exciter, même si je suis tranquillement assise dans mon salon et que je n'ai rien dit. Les animaux sentent nos émotions. Ils peuvent même aller jusqu'à être malades en même temps que leur maître.

Comment avez-vous développé votre don?

Je me suis rendue dans l'État de New York pour suivre un cours très spécifique de com-

dienne de la lumière et qu'elle aidait les autres animaux morts dans l'incendie de la grange à se rendre à la lumière. J'ai cru que je perdais la tête, mais j'ai tout de même noté l'information que je recevais sur un bout de papier.

Était-ce une hallucination?

Quand j'ai rejoint le groupe, j'ai attendu à la toute fin pour partager ce que je venais de vivre, car je n'étais vraiment sûre de rien. Quand j'ai fait la description de la chatte avec qui j'avais communiqué, la médium instructrice m'a répondu que cette chatte était morte dans l'incendie et que Merlin était le nom de la grange! Il n'y avait aucune façon que je sois au courant de ces détails! C'est à ce moment-là que j'ai réellement pris conscience de mes facultés et que j'ai mis de côté mon scepticisme.

Depuis 12 ans, vous aidez les gens avec leurs animaux. Que faites-vous au juste ?

Quand un client m'appelle, je commence par demander la permission à l'animal de rentrer dans sa conscience supérieure, question de ne pas commettre d'intrusion. Puis, je prends de l'information sur l'animal, sa couleur, les problèmes qu'il vit, etc., et je peux ensuite me connecter à son essence. Je peux de cette façon me faire une image de l'animal dans ma tête et lui poser les questions que son maître me transmet. Je ne devine pas la maladie ou le trouble de comportement. Pour tous les problèmes de santé, je peux voir une couleur se dégager de la partie affectée et je dirige les gens vers le vétérinaire.

Pourquoi avez-vous accepté d'en faire un métier ?

Mes amis m'ont convaincue que je pouvais aider les gens à réaliser que leurs animaux ne sont pas que des bêtes sans âme. Ils possèdent eux aussi une forme de conscience supérieure, et ils peuvent nous apporter tellement de joie quand on apprend à mieux les comprendre ! ▪

lleclerc@cooptel.qc.ca

Louise Gauthier, chamane et médium

AIDER LES ÂMES À PASSER DANS L'AU-DELÀ

C'est en assistant à une formation en chamanisme que Louise Gauthier a retrouvé la médium en elle. Depuis, elle se sert de ses dons pour la guérison et parfois pour « nettoyer les maisons » aux prises avec des entités indésirables. Histoire d'une transformation divine.

Petite, Louise Gauthier voyait des âmes se promener autour d'elle. Comme la majorité des médiums, elle s'était fait dire que ce phénomène relevait de son imagination. À l'âge adulte, elle a cherché pendant des années une façon de retrouver une voie spirituelle qui lui ressemblerait. C'est grâce à la Fondation des études chamaniques, créée par l'anthropologue américain Michael Harner, qu'elle a renoué avec sa nature profonde.

Louise, racontez-nous ce que vous voyiez que les autres ne voyaient pas.

Je disais à ma mère que je voyais des gens et qu'ils me parlaient. Automatiquement, je me faisais répondre : « Ben non, Loulou, c'était sans doute dans ton rêve. » Je sais aujourd'hui que des personnes décédées venaient me contacter parce qu'elles avaient besoin d'aide, mais j'étais trop petite pour comprendre. À l'adolescence, je sentais encore beaucoup les énergies subtiles, sauf qu'être médium ne m'intéressait pas. Je ne voulais rien savoir de ça. Je leur demandais à voix haute de me laisser tranquille, et ça fonctionnait.

Quand avez-vous accepté cette réalité ?

J'ai suivi un ami dans un atelier où l'on nous enseignait comment faire le voyage chamanique, c'est-à-dire comment entrer dans un état de conscience altérée et, surtout,

comment conserver cet état assez longtemps pour recevoir des messages de l'invisible ou obtenir une guérison quelconque. C'est ce que les Amérindiens appellent « la réalité non ordinaire ». Plus tard, je me suis jointe à un groupe qui faisait de la dépossession auprès de personnes aux prises avec des entités. La première fois que j'ai travaillé sur un cas concret, on m'a expliqué que si j'étais vraiment médium, j'allais le savoir assez vite…

que pour aider les âmes à passer dans l'au-delà et pour mon travail de guérison chamanique.

Et en tant que chamane, que faites-vous au juste ?
Selon la tradition chamanique, chaque personne qui vient au monde est complète en soi, parfaite pour son incarnation. En cours de route, des traumatismes nous font perdre une partie de notre essence. Cela crée des vides, et toute

« J'ai senti la présence entrer dans mon corps… »

Alors, comment cela s'est-il passé ?
On s'est réunis autour d'une table, pour canaliser des esprits errants en difficulté. Ces âmes se collent à certaines personnes, et notre travail est de les libérer mutuellement. D'ordinaire, quand la séance commence, les esprits se choisissent une voix et parlent. Tout à coup, ça s'est mis à vibrer à l'intérieur de moi, j'ai senti la présence entrer dans mon corps physique. C'est moi qu'ils avaient choisie ! Et j'étais consciente de tout ce qui se passait.

C'est venu confirmer ce que, au fond, vous saviez déjà…
En effet, je me doutais que j'étais médium. Toutefois, je ne me sers de ma médiumnité

énergie, bonne ou mauvaise, qui passe peut remplir ces vides. Notre travail de chamane est de faire l'extraction des énergies qui ne sont pas en harmonie avec l'âme de la personne et, surtout, de lui rapporter les parties de son essence qu'elle a perdues.

Comment le faites-vous ?
Je dois d'abord être dans un état de conscience altérée, auquel j'accède en battant le tambour à un rythme précis. Ainsi, je peux voir les énergies indésirables. Elles se présentent parfois sous forme de vieux bouts de bois pourri, par exemple, ou encore de n'importe quelle autre chose repoussante qui n'a pas sa place dans le corps.

Que faites-vous avec cette énergie?

On aspire ou on enlève littéralement l'énergie, et on l'envoie ailleurs. Personnellement, j'envoie l'énergie dans un plan d'eau que je vois par mon chakra, mon troisième œil situé au milieu du front, afin qu'elle soit neutralisée et retournée à l'univers. Par la suite, je vais dans l'invisible chercher les aspects perdus de l'essence ou du pouvoir de chacun, puis je les réinstalle dans leur corps. Je prends chaque élément perdu sur mon cœur et je l'insuffle par les chakras du cœur et de la couronne dans le corps physique des gens qui me consultent. Un travail d'apprentissage est ensuite nécessaire pour que chacun réapprenne à vivre avec celui qu'il est vraiment.

Vous faites aussi des « nettoyages de maison ». Qu'est-ce que ça veut dire?

Quand les gens demandent ce genre de travail, c'est parce qu'ils sentent une présence, qu'ils entendent des bruits et assistent à des manifestations inexpliquées. Je fais alors un rituel avec de la sauge et du sel pour rassembler toutes les âmes dans la même pièce. Je ne peux expliquer comment, mais les entités savent qu'on est là pour les aider. Par la suite, je parle avec elles et leur fais comprendre qu'elles ne sont pas à leur place.

À quoi ressemble une « entité gênante », selon vous?

D'abord, il ne faut pas penser que ce ne sont que des entités noires ou négatives. Il s'agit presque toujours de gens qui ne savent pas qu'ils sont morts et qui errent, se collant à ceux qui peuvent les ressentir. Oui, les énergies qui ne sont pas drôles existent. Il m'est arrivé d'en canaliser et de trouver cela difficile, mais c'est rare. Quand quelqu'un a été un meurtrier, par exemple, et qu'il meurt de façon violente à son tour, il n'est pas plus intéressant de l'autre côté, vous savez! ■

loulamessagere@sympatico.ca

Alain Jean-Baptiste, médium

COACHER DES LEADERS À DEVENIR INTUITIFS

Clairvoyant et coach de vie, Alain Jean-Baptiste a développé un programme qu'il enseigne aux leaders pour les aider à trouver en eux les solutions à leurs problèmes. Comment ? En les initiant à sept nouveaux sens subtils et à une façon de contacter leurs guides.

Alain Jean-Baptiste ne savait même pas ce qu'était un médium quand il a eu sa première vision. Depuis, il n'a cessé de faire des recherches et de mettre à profit ce nouveau don. Il a ainsi créé un programme de coaching qui met en valeur tous les sens psychiques des êtres humains, et il fait aujourd'hui comprendre à ses élèves que ce potentiel est en chacun de nous, c'est-à-dire que nous pouvons le développer.

Alain, à quel moment as-tu eu ta première manifestation psychique ?
Je travaillais sur la Rive-Sud de Montréal, dans un centre de développement neuropédagogique. Pendant une séance avec une femme qui cherchait à com-prendre pourquoi elle n'avait plus de relation amoureuse avec son mari, j'ai revu la scène de son accouchement. Je pouvais entre autres lui décrire en détail la pièce où elle avait donné nais-sance à son enfant sept ans auparavant. À travers cette vision, on a compris ensemble pour-quoi l'amour pour son conjoint était mort à ce moment précis de sa vie. Le nouveau papa avait passé un commentaire de dégoût en voyant son nou-veau-né, ce qui avait profondé-ment marqué la mère et cassé quelque chose en elle.

Quelle a été sa réaction ?
Elle m'a demandé comment je pouvais faire ça. Je n'avais rien à répondre si ce n'est que j'avais l'impression d'assister à une

projection de film au-dessus de sa tête, mais sans le pop-corn ! Au début, je croyais lui répéter des choses qu'elle m'avait elle-même racontées, mais ce n'était pas le cas. J'avais réellement accès à une information subtile qu'elle ne m'avait pas donnée pendant la séance. C'est cette cliente qui m'a dit que je devais être médium, un terme que je ne connaissais même pas à l'époque.

As-tu entrepris une démarche pour développer ton don ?

confiance et d'arrêter de me poser des questions, j'ai « allumé » ! J'enseigne aujourd'hui aux dirigeants d'entreprises et aux personnes intéressées à savoir comment elles peuvent développer leurs sens subtils et s'en servir pour trouver en eux les réponses à leurs questions ainsi que les solutions à leurs problèmes.

Peux-tu nous donner un exemple ?

Disons qu'un dirigeant vient me voir parce qu'il éprouve des

« J'ai fini par combiner ma clairvoyance et le coaching. »

Oui. Puisque j'avais déjà une formation en PNL (*programmation neurolinguistique*), j'ai fini par combiner ma clairvoyance et cette technique fort répandue, pour développer au fil du temps mes propres outils de coaching. J'ai aussi assisté à un séminaire aux États-Unis, où j'ai appris que nous avions en fait 12 sens, et non 5. J'ai par la suite poussé assez loin ma réflexion et l'expérimentation sur le sujet.

De quelle façon ?

J'ai notamment consulté plusieurs clairvoyants afin de comprendre leur travail et de me servir de leurs techniques pour mieux utiliser mes nouveaux dons. Quand, plus tard, un de mes élèves m'a dit de me faire

difficultés dans son entreprise. Par la clairvoyance, je peux déceler le problème et savoir qui, dans son équipe, est concerné. Un jour, j'ai été invité à une réunion par le président d'une compagnie, où étaient présents deux de ses partenaires. J'ai écouté ce qui s'est dit et j'ai fini par « voir » que son problème se situait sur le plan des relations d'affaires avec ces deux personnes. Dans les jours qui ont suivi la réunion, tout ce que j'avais dit à mon client pour le mettre en garde s'est produit, mais puisqu'il avait été prévenu, il a pu sauver son entreprise.

Et qu'a-t-il appris de cette expérience ?

On a pu découvrir que cet homme avait toujours eu peur

de déplaire et qu'il provoquait donc des situations comme celle qu'il venait de vivre avec les partenaires en question. De plus, grâce à différents exercices, les gens peuvent apprendre à reconnaître la voix des guides à l'intérieur d'eux et à suivre leur intuition, afin de voir venir les difficultés ou, à tout le moins, de leur faire face en étant le mieux outillés possible.

Quels sont ces autres sens que tu as découverts ?

On parle ici des perceptions sensorielles supérieures. Il y a le sens de l'imagination, ou le sixième sens, celui qui permet aux artistes, aux scientifiques et au commun des mortels d'inventer des choses. C'est ce qu'on appelle aussi « inspiration ». L'imaginaire n'est plus dans le monde physique ; c'est un véhicule pour recevoir de l'information des plans subtils.

Du septième sens jusqu'au douzième ?

Il y a la balance… C'est ce qui nous permet de mettre dans la balance ce qui est sensé pour nous. Le huitième est le sens de la vie, soit la capacité de voir les énergies à l'intérieur et à l'extérieur de nous, appelées aussi « aura ». Le neuvième est la chaleur. Quand on dit que l'atmosphère est bonne, que les vibrations sont bonnes dans une maison ou que quelqu'un est froid, c'est le sens de la chaleur qui intervient. Le dixième est le mouvement. Certaines personnes peuvent sentir les mouvements subtils quand une énergie ou une âme se présente à elles. Les animaux sont très doués pour ça.

Il en reste deux…

Les deux autres sont la substance, soit le fait de sentir la densité des choses, tant dans les paroles qu'on nous adresse que dans les objets. Enfin, il y a la voix, celle de l'âme. Il suffit d'apprendre à reconnaître les signes que la vie nous envoie, comme la maladie, pour reconnaître le sens de la voix. ■

www.alainjeanbaptiste.com

Danièle Chayer, astrologue et médium

LIRE LES VIES ANTÉRIEURES GRÂCE À L'ASTROLOGIE

Chez les Chayer, on est astrologue ou médium de génération en génération. Grâce à tous ses dons, Danièle Chayer poursuit l'œuvre de son père, Lionel, qui est astrologue, et celle de sa grand-mère, qui était médium. Passeport pour la route du ciel…

Conférencière, enseignante et consultante, Danièle Chayer n'a pas toujours lu les cartes du ciel. Elle a d'abord été esthéticienne, mais la vie l'a rapidement ramenée sur son véritable chemin. Encouragée par son père, elle s'est lancée tête baissée dans sa première passion, l'astrologie, avec une corde de plus à son arc : la médiumnité ! Depuis, elle met ses dons et ses connaissances au service des gens qui la consultent.

Danièle, votre père vous a-t-il influencée quant à votre choix de devenir astrologue ?
C'est sûr qu'il a été mon inspiration. Sans lui, je n'aurais sans doute pas fait d'astrologie. Ça fait 35 ans qu'il est dans le métier. Il est un visionnaire, et ses découvertes sont impressionnantes. C'est lui qui, après m'avoir mise en contact avec les plus grands, m'a encouragée à mettre mon métier de côté pour me consacrer à l'astrologie.

Comment l'aventure a-t-elle commencé pour vous ?
J'avais mon salon d'esthétique, mais je faisais également des consultations en astrologie depuis toujours, pour des amis. Après un séjour aux États-Unis, j'ai ouvert mon cabinet d'astrologue et, très vite, j'ai pu gagner ma vie exclusivement grâce à ma pratique privée.

Vous êtes aussi médium. Quand en avez-vous pris conscience ?
Dès mon plus âge, je sentais des

choses, mais je ne pouvais pas nommer ce que je sentais ou voyais. Aujourd'hui, je vois les auras et je sens que je suis accompagnée de mes guides par télépathie. Quand je regarde une carte du ciel, je ne vois pas que la lune en sagittaire, par exemple. Cette symbolique me parle, mais j'ai aussi accès à une information plus subtile, grâce à la perception des énergies qui nous entourent. J'ai pu vérifier avec le temps que mes perceptions sont exactes.

que la personne dans sa vie actuelle. Son vécu antérieur, sa mission de vie actuelle, l'influence de l'hérédité, tout y est inscrit.

Comment pouvez-vous voir son vécu antérieur?

Je vais te citer Gary Zukav, le gourou d'Oprah. Plutôt que de mettre nos dates de naissance et de mort sur nos pierres tombales, il explique dans son livre, *The Seat of the Soul*, que nous devrions y inscrire : «À

« Mes guides communiquent avec moi par télépathie. »

Donnez-nous un exemple.

Prenons celui d'une dame qui m'a consultée, il y a quelques années, pour des problèmes de couple. Je lui avais dit que son partenaire de vie se sentait comme un oiseau en cage, et qu'il avait envie de voler vers d'autres cieux. Elle a aussitôt ouvert son sac à main et m'a sorti un poème que son conjoint lui avait écrit, dans lequel, presque mot pour mot, il disait se sentir comme un oiseau en cage !

Sur quoi se base l'astrologie?

Tout dans l'Univers est ordonné selon un ordre parfait. L'astrologie tient compte de cet ordre cosmique, qui influence nos vies. Quand je regarde un ciel de naissance, je ne vois pas

suivre… » Pour moi, l'âme est multidimensionnelle et elle s'incarne en même temps dans le passé, le présent et le futur. C'est probablement pour ça que nous avons accès au futur par les rêves ou la clairvoyance.

Comment l'astrologie vous donne-t-elle accès à tout ça?

Certaines planètes, comme Saturne, Neptune et Pluton, me donnent des renseignements…

Mais Pluton, ce n'est plus une planète…

Dit-on ! J'ai trop vu l'influence de Pluton pour ne pas être convaincue de son statut de planète, mais c'est un autre débat ! *(Rires)* Quand je veux voir des indices du passé, je regarde certaines planètes et, par un phénomène de perception, j'ai accès à de l'information sur les vies antérieures. Imaginons un entonnoir… Ce que je vois des vies passées, c'est ce qui passe dans le goulot, soit la résultante de ces autres incarnations, qui a un impact sur la vie actuelle de mes clients.

Est-ce la médiumnité qui agit ici, ou est-ce que tous les astrologues peuvent lire les vies antérieures ?

Pour moi, la médiumnité et l'astrologie marchent main dans la main. Quand il me vient une information par ressenti, je la confirme avec la carte du ciel. À l'inverse, quand je vois une information dans la carte du ciel, je vais dans mon ressenti pour la confirmer. Mais ce ne sont pas tous les astrologues qui lisent les vies antérieures.

Quelle est la réaction des gens qui vous consultent ?

Je vais te donner l'exemple de cette femme qui est venue me voir et à qui je disais que dans ses vies passées elle avait toujours voulu travailler en droit. Je lui ai expliqué qu'elle ne pouvait pas pratiquer à ces époques, car les femmes n'étaient pas admises à l'université. Elle m'a regardée, l'air ahuri, et elle m'a dit : « Je suis avocate ! » Je le voyais non seulement dans sa carte du ciel, mais je pouvais aussi le ressentir en sa présence. Mais attention,

je ne dis jamais aux gens qu'ils sont la réincarnation de Cléopâtre ou de Napoléon ! De toute façon, ce n'est même pas utile de savoir ça. ■

www.danielechayer.astrocarillon.net

Annie Sauvageau, médium

DEVENIR MÉDIUM APRÈS LA MORT DE SON FILS

Annie Sauvageau a repris goût à la vie à la suite de contacts privilégiés qu'elle a eus avec son fils décédé en 1997, à l'âge de six ans. Si, au début, elle devait passer par une médium, elle a fini par développer au fil du temps un lien direct avec son enfant grâce à l'écriture automatique. Histoire d'un don naissant.

Depuis que son plus jeune fils, Francis, est parti, Annie Sauvageau a fait un grand bout de chemin. Elle a même écrit un livre, intitulé *Un message pour toi* (Éditions JCL), pour raconter son histoire singulière. En effet, elle a eu de nombreux contacts avec l'au-delà au moyen d'une technique médiumnique appelée l'écriture automatique, qu'elle a pratiquée plusieurs années après la mort de Francis.

Annie, raconte-nous d'abord les circonstances de la mort de Francis.

C'était au mois d'août et, exceptionnellement, je ne pouvais accompagner mes deux fils à la rentrée scolaire. C'est ma mère qui y est allée à ma place. En revenant, ils ont insisté pour retourner avec elle au chalet, et c'est sur une petite route de terre que l'accident s'est produit. En évitant un VTT, ma mère a dérapé dans le fossé. Pris de panique, Francis est sorti de la voiture qui, aussitôt, a basculé par-dessus lui. Il est resté une semaine dans le coma avant qu'on accepte, son père et moi, de le laisser partir.

Combien de temps après son décès as-tu consulté une médium?

Un an après sa mort, à un moment où je n'allais vraiment pas bien et où je songeais même à en finir avec la vie, une dame m'a parlé de vie après la mort et m'a dirigée vers une médium. Trois mois plus tard,

je me suis présentée au rendez-vous avec une amie. Je n'étais même pas encore assise que la médium m'avait déjà servi une foule de détails que moi seule pouvais connaître. C'est qu'elle avait passé la nuit d'avant à parler avec Francis!

Comment te sentais-tu?

J'étais si stressée que ça déteignait sur la médium. Elle a dû me demander de me calmer, parce que ma nervosité la rendait elle-même nerveuse: sa voix en tremblait! Mais dès qu'elle est entrée en transe pour céder la place à son guide, j'ai commencé à me sentir bien et toute légère, un peu comme un ballon qui flotte. J'étais tellement confiante que l'âme de mon fils s'est présentée à moi peu de temps après.

Comment pouvais-tu être sûre que c'était lui?

Quand il m'a parlé de son «mariage» avec la petite Alexandra, je n'ai plus eu de doute. Il faut savoir que quelque temps avant de mourir, mon fils avait insisté pour organiser un mariage avec sa petite amie, sur les marches

« J'étais si contente de savoir qu'il était quelque part! »

de l'église de notre village. Je le trouvais si amusant que je m'étais prêtée à son jeu avec plaisir, mais personne, à part la famille, ne connaissait ce détail précis de ma vie privée!

Qu'est-ce que cette expérience a changé dans ton processus de deuil?

J'ai pleuré de joie pendant un mois! J'étais si contente de savoir qu'il était «quelque part» et qu'il n'était pas mort pour rien. Ça a complètement changé ma vie.

**Son fils Francis,
décédé en 1997**

Quand as-tu commencé à faire de l'écriture automatique?

Plusieurs années plus tard, j'ai suivi un atelier sur les vies antérieures, et la personne qui nous donnait ce cours affirmait qu'on pouvait tous développer nos dons pour communiquer avec des personnes décédées grâce à l'écriture automatique. Sur le coup, je n'y croyais pas du tout. On a tenté l'expérience en groupe et, tout de suite après la méditation, j'ai « vu » des mots apparaître dans ma tête.

As-tu aussitôt commencé à écrire ton livre ?

Non, car je ne me croyais pas du tout. Je n'ai aucune aptitude pour écrire, et je ne lisais même pas à cette époque! Il a fallu deux autres années à m'exercer à l'écriture automatique, toujours en doutant de moi, avant d'entreprendre la rédaction du manuscrit.

Quelle différence y a-t-il entre écrire et faire de l'écriture automatique?

Quand j'écris une lettre, par exemple, je ne cesse de raturer, de recommencer, de me servir de mon « mental ». Quand je fais de l'écriture automatique, je peux écrire trois pages sans arrêter, sans points ni virgules, et je dois me relire ensuite pour savoir ce que je viens de retranscrire sur papier, parce que je ne m'en souviens pas.

C'est comme un flot de mots qui s'enchaînent sans que ma tête ne puisse contrôler ce que j'écris.

Quelles certitudes gardes-tu de ces contacts privilégiés?

J'ai maintenant la certitude qu'on n'est pas qu'un corps physique qui vient apprendre à vivre des expériences spirituelles, mais plutôt un être spirituel qui vient apprendre une expérience physique sur la Terre. Je sais qu'on se réincarne pour continuer à évoluer et qu'on doit apprendre à transcender certains thèmes pour ne pas répéter nos patterns d'une vie à l'autre.

Où est Francis maintenant, d'après toi?

Je ne sais pas, car depuis deux ans, je ne fais plus d'écriture automatique. J'ai eu besoin de prendre une pause et de vivre les deux pieds sur terre. Dernièrement, je me disais justement que j'avais envie d'y revenir, et tu m'as appelée pour faire cette entrevue! ■

www.anniesauvageau.com

INSPIRÉE PAR LA MORT DE SON FILS

Sous le pseudonyme de Nicki Olivier, l'auteure Nicole Lapointe a écrit en un an les cinq premiers tomes de sa série *Mes aventures dans l'au-delà avec Olivier*. Dictée par son fils décédé en 1994, cette œuvre décrit les étapes que l'âme doit franchir après la mort. Aller simple vers l'autre monde.

Technicienne en documentation, Nicole Lapointe a toujours détesté écrire. Pourtant, un soir de 2002, elle s'est assise devant son ordinateur et a commencé à mettre en mots les images que lui transmettait Olivier, son fils décédé dans un accident quelques jours avant son sixième anniversaire de naissance. En très peu de temps, le premier tome, intitulé *Tout commença une nuit*, était écrit. Il a plus tard été publié aux Éditions de La Plume d'Oie (les quatre premiers tomes sont maintenant en librairie). L'aventure venait de commencer…

Nicole, racontez-nous les circonstances de l'accident qui a emporté Olivier.

C'était un soir de juillet. On se promenait en famille, mon mari, Olivier, sa petite sœur, Amélie, et moi, dans le quartier où nous habitons, à Alma. Olivier était sur sa bicyclette, un peu en avant de nous, quand il a été frappé de plein fouet par une automobile, sous nos yeux. Même s'il portait un casque, son cou n'a pas supporté l'atterrissage. Il est mort à l'hôpital, après que nous avons accepté, son père et moi, que les médecins débranchent les appareils qui le maintenaient en vie.

Quel a été le premier signe donné par Olivier?

Environ un an après sa mort, j'ai commencé à recevoir des messages de lui, par écriture automatique.

Que voulez-vous dire ?

Un soir où j'étais seule à la maison et où ma fille était couchée, j'ai senti le besoin de m'asseoir avec un calepin et un crayon. Quand j'ai voulu me relire, je n'ai trouvé qu'un tas de lettres attachées ensemble, un gribouillage illisible. Je ne pouvais déchiffrer que les derniers mots, qui disaient : « Maman, merci. » Et c'était signé « Olivier ».

Saviez-vous que vous étiez médium ?

me permettre d'assimiler tout ça et de l'écrire. À la relecture, je constatais qu'il n'y avait ni accents ni ponctuation.

Avez-vous fait valider ces messages par quelqu'un ?

Grâce à des parents qui avaient, eux aussi, perdu un enfant, nous sommes allés consulter une médium qui est bien connue aujourd'hui : Marjolaine Caron. Avant de nous transmettre par écrit la lettre d'Olivier par écriture

« Environ un an après la mort de notre fils, j'ai commencé à recevoir des messages de lui. »

Non. Je pensais que ça ne pouvait arriver qu'aux autres ! Par contre, je connaissais l'existence de l'écriture automatique grâce à des lectures que j'avais faites dans le passé. En tout, j'ai reçu une vingtaine de messages d'Olivier, un véritable cadeau du ciel qui nous a servi de thérapie, à mon mari et à moi. Olivier nous a fait comprendre qu'il était heureux dans l'au-delà et que nous devions continuer notre route par nous-mêmes.

Comment les messages d'Olivier vous parvenaient-ils ?

J'entendais sa voix dans mon oreille droite, mais c'était comme si mon cerveau répétait plus lentement par-dessus, pour

automatique, elle m'a dit que j'avais commencé, moi aussi, à écrire. Elle ne pouvait pas savoir ça ! C'était si récent dans ma vie que nous ne l'avions dit à personne. Quel soulagement ! Elle m'a confirmé que je n'étais pas folle !

Comment vous êtes-vous mise à écrire des livres ?

En 2001, j'ai entendu une petite voix de l'intérieur me dire que j'allais écrire des livres. Je me disais que ça ne se pouvait pas, moi qui déteste écrire ! Un an plus tard, la petite voix est revenue. Cette fois, elle m'a dit que j'allais écrire une série de livres, et elle m'a même indiqué le nombre de tomes que la saga allait comporter...

Est-ce que ça s'est passé pendant une séance d'écriture automatique?

Non. J'ai été poussée à m'installer devant l'ordinateur, et là, on m'a montré des images. Je voyais réellement un film dans ma tête. Puisque je n'aime pas écrire, employer les bons mots pour décrire les images que je voyais m'a demandé tout un effort! Mon mari a été d'un grand secours à cette étape, lui qui maîtrise bien mieux le français que moi.

Quel est le message que vous voulez transmettre dans ces livres?

C'est présenté sous la forme d'une fiction, d'une aventure qu'Olivier fait vivre à sa petite sœur dans l'au-delà au moyen des rêves. Toute l'information sur la vie après la mort m'a été transmise par télépathie. Il y a tellement d'éléments que je ne connaissais pas sur l'évolution de l'âme que ça ne peut tout simplement pas être le fruit de mon imagination!

Pouvez-vous nous donner des exemples?

Olivier explique que nos êtres chers sont toujours là, avec nous, pour nous soutenir dans notre vie quotidienne. Il suffit de leur demander de l'aide pour l'obtenir. Dans le premier tome, il nous fait découvrir les dômes, ces espaces avec un toit de verre en forme de demi-lune de différentes couleurs, où l'âme est appelée à se purifier. Il m'a aussi confié qu'il existe huit paliers d'évolution, le huitième étant La Source, ou Dieu. Les deux premiers tomes de la série nous font découvrir le premier palier.

Comment, selon vous, pouvons-nous entrer en contact avec nos êtres chers décédés?

Olivier raconte notamment que nos êtres chers décédés ont accès à nous par nos rêves, une méthode de communication à la portée de tout le monde. La série comporte aussi un volet d'enseignement des valeurs spirituelles que les jeunes ont perdues aujourd'hui. ■

nicki.olivier@sympatico.ca

Louise Gobeil

GARDER CONTACT AVEC SON FILS DÉCÉDÉ

Quand elle a reçu une lettre de son fils décédé, à travers l'écriture automatique d'une médium, Louise Gobeil a repris goût à la vie. Depuis, elle parle de son enfant à tous ceux qui veulent l'entendre pour les rassurer sur la vie après la mort. Lettre d'un fils à sa mère.

La vie de Louise Gobeil a basculé quand son fils unique de 19 ans, Steve, est mort dans un accident de la route. Les nombreux signes qu'elle perçoit depuis et la lettre d'une médium d'expérience qu'elle a reçue comme un cadeau lui redonnent foi en la vie. Pour Louise, Steve est maintenant un ange qui l'aide à livrer son message d'espoir aux parents qui ont perdu un enfant ou un être cher.

Louise, quand avez-vous appris la mort de votre fils?
On m'a annoncé la nouvelle le 25 janvier 2005, alors que j'étais hospitalisée pour une crise d'asthme aiguë, parce que je souffre de bronchite asthmatique chronique depuis de nombreuses années. Il venait de faire un face-à-face avec un camion, sur l'autoroute 30, près de Valleyfield. Le père de Steve était décédé huit ans auparavant. Il ne me restait que lui dans ma vie.

Quel a été votre premier réflexe de survie?
Je me suis mise à lire de façon compulsive sur la vie après la mort. Je voulais savoir où il était, s'il était bien, et je lui demandais de me donner des signes. Dès que j'en ai fait la demande, j'ai commencé à en percevoir. Par exemple, un geai bleu est venu sur ma galerie, alors que je n'en avais jamais vu un seul dans ma cour. L'idée qui m'est venue spontanément, c'est que je devais me rendre au

cimetière. En arrivant, j'ai vu qu'on avait enfin inscrit son nom sur la pierre tombale. J'ai alors senti qu'il était bien.

Vous avez ensuite rencontré une médium...

Quand je suis entrée dans son bureau, elle m'a simplement dit qu'il y avait un ange dans la pièce avec elle. « Ce n'est pas un esprit, c'est vraiment un ange », a-t-elle ajouté. Mon fils me disait que j'avais un voyage à

(c'est-à-dire de mon père, qu'il n'a jamais connu), qui l'ont accueilli de l'autre côté, et de la mort de son demi-frère, des informations que la médium ne pouvait pas connaître.

Que s'est-il passé en Afrique ?

J'ai compris là-bas que je faisais ce voyage pour guérir mon cœur et mon corps. Je voulais aussi savoir qui était Louise Gobeil, sans son fils. Il s'est produit un véritable miracle quand

« La médium m'a dit qu'il y avait un ange dans la pièce... »

faire, très loin, à l'étranger, et que je devais y aller. Je ne devais pas avoir peur, je ne serais pas malade là-bas. En effet, j'avais le projet d'aller visiter une amie missionnaire en Afrique, mais j'hésitais pour toutes sortes de raisons.

Vous a-t-elle donné d'autres preuves que c'était bien votre fils ?

Depuis sa mort, j'écris tous les jours dans un livre où j'ai mis une photo de Steve à l'âge de deux ans avec un téléphone jouet sur l'oreille. En dessous de cette photo, il est écrit : « Toi et moi, on garde contact. » Dans la lettre transmise par écriture automatique grâce à la médium, Steve reprend ces mêmes mots. Aussi, il m'appelle « m'man », me parle de son père et de son grand-père

mon amie a voulu m'emmener faire une excursion dans la brousse, jusqu'au village.

Racontez...

Encore atteinte d'une bronchite asthmatique, je prenais des antibiotiques et je me sentais incapable de marcher sans m'arrêter tous les deux pas pour prendre ma pompe de Ventolin. Tout à coup, j'ai senti monter en moi la volonté de guérir. J'ai déposé ma pompe dans la maison en me disant que j'avais la foi et que j'allais guérir. Et je suis partie.

Avez-vous fait une crise d'asthme ?

Non seulement je n'ai pas fait de crise, mais j'ai marché pendant six heures sans jamais ressentir le besoin de reprendre ma pompe. Et je n'en ai jamais eu besoin par la suite. Ça va faire un an que je me considère comme guérie !

Avez-vous reçu d'autres signes de votre fils par la suite ?

J'ai entre autres essayé de faire, moi aussi, de l'écriture automatique. Après une période de recueillement, je me mettais à écrire sans laisser mon mental intervenir. Je me suis retrouvée avec des pages de barbeaux indescriptibles. En prenant le temps de regarder plus attentivement, je pouvais clairement distinguer à la dernière page :

« Allo, maman. Je t'aime. » Il y avait un cœur dessiné à la place du mot « aime ». J'ai montré cette lettre à la médium, qui a trouvé d'autres mots que moi, que je ne distinguais pas, dont le mot « *love* ».

Voulez-vous développer ce don ?

Je le fais déjà, et à force de pratiquer, mon écriture est devenue fluide. À un tel point que je suis en train d'écrire un livre avec les messages que je reçois ! ■

louisegobeil@live.ca

La lettre de son fils :

Allo m'man,

Quand l'accident est arrivé, j'ai pensé à toi. J'aurais aimé te voir, que tu m'aides une fois de plus à m'en sortir. Aussi, j'ai pensé à la peine que tu aurais de ne plus avoir ton homme à tes côtés... Mes blessures étaient grandes, mais j'aurais voulu vivre encore. J'avais tellement de projets à réaliser. Quand j'ai vu mon père et le tien qui me faisaient signe de les suivre, j'ai compris que le ciel existait pour vrai ! La communication avec eux était simple et profonde : on parlait des vraies valeurs. C'est comme si j'étais éclairé pour savoir quoi dire, quoi répondre. M'man, j'ai été heureux et libre d'aimer la vie. Tu sais, je suis un grand sage qui avait juste besoin d'aimer et d'être aimé. Au fond de moi, j'aime mieux être décédé à « ma » façon qu'à celle de mon frère. Lui, il cherche encore pourquoi il est parti de la Terre. M'man, peu importe où tu es, je reste en contact avec toi pour le meilleur et pour le pire. Ta mission, tu l'as trouvée avec moi comme enfant et je souhaite que d'autres enfants puissent te connaître pour t'aimer. Tu as encore beaucoup à donner.

Merci, encore une fois. Tu peux être sûre de toi, je te pousse à avancer parce que je t'admire.
À la prochaine.
Ton fils, Steve

Dis salut à mes chums !

Louise Gobeil a accepté de publier la lettre de son fils.

Linda Lafortune, médium

PERDRE UN FILS, GAGNER UN ANGE

Linda Lafortune a perdu un enfant, mais elle a gagné un guide.
Son fils Pascal, décédé de fibrose kystique à l'automne 2003,
lui envoie régulièrement des messages depuis quatre ans,
notamment à travers le canal d'un médium.
Récit d'une guérison lumineuse.

Pascal, le fils de Linda Lafortune, a vécu sa vie avec toute l'urgence que sa maladie lui commandait. Entre deux traitements, il aimait jouer de la guitare avec son grand frère et rire avec ses amis. À la suite d'une opération qui devait le préparer à une greffe pulmonaire, Pascal n'a pu remonter la pente. Il s'est éteint à l'âge de 14 ans, après avoir pris le temps de rassurer tous ceux qu'il aimait. Une grande âme, qui allait devenir un ange de guérison pour ses proches.

Linda, comment avez-vous vécu le départ de votre fils?
Peu de temps après les funérailles de Pascal, j'ai commencé à sombrer dans la dépression. Je pleurais beaucoup et, même si j'étais croyante, je lui demandais des signes pour avoir la certitude qu'il était bien là où il se trouvait. Je rêvais souvent de lui, mais il ne me parlait pas. Pour noyer ma peine, quand je me trouvais seule à la maison, j'écoutais toujours la même chanson de Marie-Chantal Toupin, *Partir sans regret*, et je pleurais sans arrêt, en serrant contre moi son toutou Bob L'éponge.

Quand avez-vous reçu les premiers signes de votre fils Pascal?
Un dimanche, ma belle-sœur consultait un médium pour savoir si elle devait changer de travail. Bien sûr, elle n'en avait parlé à personne, car elle était gênée de faire cette démarche. Quand elle est arrivée chez le

médium, il lui a dit qu'un garçon le visitait depuis plus d'une semaine pour rejoindre sa mère à travers elle. « Il sait que sa mère ne va pas bien. Il veut qu'elle arrête d'écouter cette chanson triste et de pleurer sans cesse en serrant son toutou dans ses bras ! » De plus, chaque fois que je parlais secrètement à Pascal, je m'excusais de le déranger dans l'au-delà. Eh bien, il a dit au médium que je ne le déran-

vous avez fait, Papounet et toi ! » C'était ma première preuve. Il appelait son père comme il l'avait toujours fait à la maison, depuis sa tendre enfance. Et le médium n'avait aucun moyen de savoir ça.

Quelles autres preuves avez-vous eues ?

Pascal m'a demandé de dire à son frère, Jonathan : « Jo, je t'aime. Continue à jouer de la "guit", ça te relaxe. Je suis tou-

« Mon fils me raconte qu'il n'y a ni diable ni enfer. »

geais pas, que je pouvais lui parler autant que je voulais ! Il avait même un message pour son ami Yannick, que ma belle-sœur ne connaissait pas du tout.

Comment avez-vous réagi ?

Ça faisait des semaines que je priais et que je demandais un signe, et là, ça y était ! La veille de mon rendez-vous avec le médium, suivant les instructions que Pascal avait données à ma belle-sœur, j'ai allumé une chandelle blanche pour lui demander trois choses qui me confirmeraient que c'était bien lui. De plus, je ne m'étais pas nommée auprès du médium pour être sûre de ne pas lui fournir trop d'informations. En entrant dans le bureau, Pascal, à travers le médium, a commencé par me remercier en disant : « Merci pour tout ce que

jours près de toi quand tu joues de la guitare. » C'était exactement comme si Pascal l'avait dit lui-même. Et il a enchaîné en me parlant de Bob L'éponge et en me disant : « Merci, maman, de ne pas faire de moi ta peine. » Pour moi, ç'a été le début de la guérison. En fait, il me priait de ne pas bousiller ma vie en raison du fait qu'il était parti. À partir de ce moment-là, je me suis dit que je n'avais pas le droit de me laisser aller, que ce n'était pas une façon d'honorer mon enfant décédé.

Avez-vous eu d'autres contacts avec votre enfant ?

Oui. Par la suite, je suis retournée chez le médium à trois reprises. Le plus important, aujourd'hui, ce sont les signes que je perçois par moi-même. Par exemple, chaque fois que je sortais faire une marche, je demandais à Pascal de m'envoyer un signe de sa présence. Et chaque fois, sans exception, un oiseau blanc venait voler près de moi. La deuxième fois que je suis allée chez le médium, Pascal m'a dit : «Maman, tu vois toujours les oiseaux que je t'envoie. Je sais que tu les vois, parce que tu me dis bonjour chaque fois!»

Vous avez écrit un très beau récit, intitulé *Par la voix de l'ange*. Quelle a été votre première motivation?

Je me demandais si mon histoire pouvait en aider d'autres, leur apporter du réconfort. La deuxième fois que je me suis présentée chez le médium, avant d'entreprendre l'écriture du livre, Pascal m'a dit : «Tu dois écrire le livre, maman, et c'est moi qui vais faire le dernier chapitre. J'ai des choses à dire aux gens!» Quand j'ai eu terminé, je suis retournée pour recueillir le chapitre appelé «L'héritage de Pascal».

Quel est l'essentiel du message que voulait laisser Pascal?

Qu'on continue d'évoluer, en haut. Et il veut surtout qu'on parle du fait qu'il y a une vie après la mort, pas pour convaincre les sceptiques, mais pour semer des graines pour ceux qui sont prêts à en récolter la lumière.

Quelle information vous donne-t-il sur ce qu'il y a après?

Il me raconte, entre autres, qu'il n'y a ni diable ni enfer, seulement des âmes qui ne veulent pas voir la lumière. Il dit : «Et ceux qui ont fait beaucoup de mal dans leur vie sont leur propre juge ici. Ce n'est pas Dieu qui impose son jugement. Chaque âme fait son bilan et décide si elle doit revenir pour faire mieux dans une nouvelle vie.»

On peut se procurer **Par la voix de l'ange**, *préfacé par Céline Dion, par l'entremise de l'Association québécoise de la fibrose kystique, au 1-800-363-7711. Pour chaque livre vendu, un dollar est versé à la Fondation. Linda a écrit depuis un autre livre,* **Passages Éternels, par la voix de l'ange** *(Éditions L'oiseau blanc), qu'elle a reçu elle-même de son fils Pascal par écriture automatique.* ■

www.oiseaublanc.com

Christian Boudreau, médium

LE MESSAGER DES ANGES

Sans trop savoir pourquoi, Christian Boudreau, médium, reçoit surtout la visite d'anges et d'enfants qui cherchent à rejoindre leurs parents. C'est lui qui a transmis les beaux messages de Pascal à sa mère, tels que décrits dans l'entrevue précédente.

Christian Boudreau est constamment visité par des âmes de personnes décédées, même la nuit. Il parle parfois de son don comme d'un cadeau empoisonné, car il ne peut pas toujours décider du moment où il sert de canal pour l'au-delà. En novembre 2003, il a reçu la visite de Pascal, qui voulait rejoindre sa mère à tout prix. Le garçon savait qu'une de ses tantes consulterait Christian dans les jours suivants, et il s'est servi d'elle comme d'une messagère.

Christian, depuis quand sais-tu que tu es médium?

Quand j'étais enfant, j'avais plein d'amis que j'étais le seul à voir mais qui n'avaient rien d'imaginaires. D'ailleurs, je ne comprenais pas que les gens autour de moi ne les voient pas. Mon père, qui s'inquiétait, m'a fait consulter des psychologues et des psychiatres pour confirmer que je ne souffrais d'aucune maladie mentale. Ma mère, de son côté, savait que je ne mentais pas et que je n'étais pas fou. C'est un don de famille, qui se transmet de génération en génération.

Tu étais comme le petit garçon du film *Le sixième sens*?

Pas vraiment, puisque je ne voyais pas des morts tout démembrés ou décapités. J'avais plutôt des visions, comme des images de personnes qui m'apparaissaient plus translucides que les êtres vivants, des anges ou simplement des boules de

lumière qui passaient à côté de moi.

À quoi ressemblent les anges pour toi ?

Ce sont des entités plus élevées en vibration que ce qu'on appelle nos Guides de Lumière. Certains ont déjà vécu, d'autres non. Mais le dénominateur commun, pour les anges, c'est qu'ils sont Amour pur. Je les appelle les subalternes du bon Dieu qui, lui, n'a pas le temps

Pourquoi dis-tu que tu as reçu un cadeau empoisonné ?

Tu sais, quand j'arrive dans une pièce et que je vois neuf personnes, mais qu'en réalité il n'y en a que quatre, c'est déstabilisant. Je dois toujours regarder par deux fois pour savoir si c'est une vraie personne ou une entité. Et de me faire parler 24 heures sur 24, 365 jours par année, c'est fatigant ! Dès que je rencontre une nouvelle personne, j'ai des messages pour elle. Par-

« Je peux voir 9 personnes dans une pièce alors qu'il n'y en a que 4 en réalité ! »

de tout faire ! Les anges nous guident et veillent sur nous.

Est-ce que les anges que tu vois ont des ailes ou est-ce un mythe, selon toi ?

Pour moi, il ne s'agit pas d'ailes faites de plumes, mais plutôt d'une lumière tellement forte qu'elle irradie derrière eux, en prenant l'apparence d'ailes. Parfois, je vois bien des ailes, mais c'est seulement pour me permettre de reconnaître l'entité qui se présente à moi comme un ange. L'ange qui me sert de guide depuis mon enfance se nomme Damabiah. La première fois que je l'ai vu, je devais avoir 12 ans. J'ai fait des recherches pour comprendre que Damabiah est un ange bien connu de la kabbale (*tradition juive*).

fois, j'aimerais prendre le temps de connaître les gens par moi-même, sans tout savoir d'avance.

Tu n'arrives pas à fermer ton canal, si je comprends bien.

Très peu… Il faut que je me fâche pour avoir la paix. Dans 85 % des cas, ce sont des âmes d'enfants qui me visitent. C'est plus difficile de se fâcher avec eux ! Cette nuit, par exemple, une petite fille nommée Cassandra cherchait son chien, qui était à l'hôpital avec elle avant son décès. Je voyais une grosse lumière blanche dans le corridor de mon appartement, qui criait sans arrêt : « Prince, Prince ! » Je me suis levé et lui ai demandé ce qu'elle faisait chez moi. Puis je lui ai fait comprendre qu'elle était décédée. Elle ne voulait pas partir, alors j'ai demandé l'aide d'un guide pour qu'elle trouve sa lumière. Tout ce processus a duré deux heures!

Parle-moi de Pascal, ce garçon dont les messages font l'objet d'un livre.

Pascal, le fils de Linda Lafortune, est passé par moi pour rejoindre sa mère et livrer son message d'espoir. Les guides m'ont dit qu'il était en voie de devenir un ange. Bien qu'il n'ait vécu que 14 ans dans cette incarnation-ci, il a été Amour toute sa vie, et ce, malgré la fibrose kystique, qui le faisait beaucoup souffrir. Quand il se présente à moi, il a toujours son grand sourire d'enfant, mais ses paroles sont si sages...

Que comptes-tu faire avec ce don singulier?

Je vais simplement me laisser guider. Quand je réalise à quel point cela aide les gens, je suis content de l'avoir. Il y a deux ans, par exemple, j'ai aidé une mère à retrouver sa fille en fugue. Je lui ai seulement dit que je voyais sa fille près d'une Ford rouge, dans un endroit qu'elle visitait en famille quand elle était petite. Je distinguais même une enseigne montrant un flamant rose devant la bâtisse où elle se trouvait. Eh bien, la mère s'est rendue à Old Orchard et a retrouvé sa fille dans un motel devant lequel il y avait un flamant rose! ■

www.christianangebleu.skyrock.com

Francine Ouellet, médium-instructeur

DÉVELOPPER SES DONS DE MÉDIUM

Mettre sa conscience au niveau du cœur... Tel est l'enseignement de Francine Ouellet, une médium-instructeur qui enseigne à ses clients à développer leur propre don psychique. Cœur à cœur avec un coach.

Auteure de nombreux livres, dont *La médiumnité, réalité intime et personnelle* (Éditions Marie-Lakshmi), Francine Ouellet est une médium courue pour ses canalisations publiques. Ainsi, en plus de donner des cours au Québec et en Europe à des clients qui veulent développer le médium en eux et d'offrir des consultations privées, elle accueille tous les mois de 50 à 70 personnes dans une salle publique pour leur livrer les messages de Lumière de l'Être. Qui est cette entité ? Francine affirme qu'il s'agit des énergies christiques du maître Jésus.

Francine, comment avez-vous acquis la certitude que l'Entité de Lumière qui vous visite est celle de Jésus-Christ ?

Quand j'ai commencé à canaliser un Être de Lumière par télépathie, je ne savais pas qui je recevais. Un jour, j'ai simplement demandé quel était son nom, et il m'a répondu : « Lumière de l'Être ». Je n'étais pas plus avancée puisque, à la question « Qui est Lumière de l'Être ? » on m'a répondu qu'il s'agissait de plusieurs énergies. Au bout de quelques mois, j'ai écouté une cassette enregistrée en France au cours d'une soirée de musique tibétaine. Les gens qui avaient enregistré la cassette avaient été très surpris d'entendre, plutôt que le concert, une voix extraordinaire qui disait être celle de Jésus et qui leur livrait un message très particulier. Quand j'ai entendu la cassette, j'ai reconnu la voix. Je pouvais « recevoir » ses

paroles avant même qu'il ne les dise.

Comment avez-vous réagi ?

Il m'a fallu toute la nuit pour digérer ce que je vivais… Le lendemain, c'était Noël, et j'ai demandé une preuve que l'Être que je canalisais était bien Jésus, tout en doutant très fort que j'obtiendrais une réponse. Tout de suite après ma demande, ma sœur est arrivée chez moi pour me donner une boîte contenant mon cadeau de Noël. En l'ouvrant, j'ai décou-

puisque chaque personne est unique, l'Être y va selon les besoins de chacun. La médiumnité est universelle. Tout le monde est médium, mais la médiumnité est propre à chacun. Si, pour l'un, entrer en transe passe par la respiration, pour un autre, ça peut être par une prière. Le résultat est pourtant le même : chacun va mettre sa conscience au niveau du chakra du cœur, mais d'une façon différente. Les gens qui participent à mes formations sont déjà ouverts à l'énergie.

« Tout le monde est médium. »

vert une tasse sur laquelle étaient inscrites les paroles de Jésus : « Aux jours d'épreuves, quand tu ne vois qu'une trace de pas, c'est qu'alors je te porte. » En voyant cette tasse, j'ai su, de l'intérieur, que j'avais ma preuve. Pas par la tasse en soi, mais bien par la prise de conscience qui s'en est suivie, accompagnée de l'effet énergétique incroyable qui m'a parcouru le corps. J'ai eu la conviction qu'il s'agissait des énergies du Christ.

Comment amenez-vous les gens à développer leur médiumnité ?

En fait, je dirais que ce n'est pas moi qui forme les gens, mais bien la Lumière de l'Être. Tout ce que j'enseigne, je le reçois de l'intérieur, par télépathie. Et

Qui sont ces gens qui viennent vous voir ?

Ça a beaucoup évolué depuis quelques années. Plusieurs ont déjà des contacts personnels avec des Êtres de Lumière et viennent pour confirmer ce qu'ils vivent. D'autres vivent des expériences médiumniques, mais ne le reconnaissent pas encore. Il me reste à leur faire prendre conscience des messages qu'ils reçoivent et à leur montrer comment répéter l'expérience quand ils le veulent plutôt que d'attendre qu'elle se manifeste à eux. Au début, je devais leur enseigner un rituel pour changer leur taux vibratoire. Maintenant, ils savent comment faire, et je n'ai qu'à leur dire de mettre leur conscience au niveau du cœur.

Pouvez-vous nous donner un exemple?

Prenons une personne qui, avant de venir me voir, a vécu une expérience en lisant un livre sur la spiritualité. Au fil des pages, elle s'est retrouvée graduellement dans un état de bien-être qui lui a donné l'envie de fermer le livre pour entrer dans cette intériorité qui s'est installée en elle. Cet état est une forme de transe, qu'on appelle aussi un état de transcendance. En fait, quand cette personne lisait, elle a amené involontairement sa conscience au niveau du chakra du cœur. Lorsqu'elle se trouve devant moi, je lui fais prendre conscience qu'elle peut provoquer cet état à volonté. Tu sais, donner un conseil à une amie après l'avoir écoutée avec la conscience au cœur, par exemple, c'est une forme de médiumnité, qui s'appelle la parole inspirée et qui n'est pas consciente. Ce que j'enseigne, moi, c'est la transe profonde consciente.

Quelle est la technique pour « mettre sa conscience au cœur »?

Si je te dis: « France, prends ton oreille et mets-la au niveau du cœur », est-ce que tu le sens? Maintenant, le défi, c'est de rester tout le temps au niveau du cœur… ▪

francineouellet6@videotron.ca

Sylvie Ouellet, médium

AIDER SA TANTE DÉCÉDÉE À TROUVER LA LUMIÈRE

Notaire de formation, Sylvie Ouellet était tout sauf prédestinée à recevoir des messages de l'au-delà. Pourtant, sans crier gare, elle s'est retrouvée un jour dans un espace hors du temps, où l'âme d'une de ses tantes lui demandait son aide. Visite guidée dans l'autre monde…

Sylvie Ouellet avait beau avoir entrepris une démarche pour réduire ses longues heures de travail comme notaire et trouver un autre sens à sa vie, elle était loin de se douter que la pratique de la méditation la projetterait dans un autre monde, et encore moins qu'elle deviendrait auteure de deux livres sur l'accompagnement de l'âme, intitulés *Ils nous parlent… entendons-nous?* et *J'aimerais tant te parler* (Éditions Le Dauphin Blanc). Et si tout le monde pouvait en faire autant? C'est du moins le message que veut nous transmettre cette professionnelle très rationnelle qui, au départ, croyait n'avoir aucune intuition… pas même féminine!

Sylvie, parle-nous de la première fois que tu as touché à l'autre dimension.
C'était un jour où je préparais un cours de droit pour l'École nationale d'administration publique. J'avais déjà entrepris une démarche spirituelle par la méditation, parce que je ne trouvais plus de sens à ma vie, ni au fait de travailler 90 heures par semaine. Tout à coup, je me suis sentie mal, au point de devoir fermer les yeux pour reprendre mes esprits. Puis, soudain, un film s'est mis à se dérouler devant moi, encore plus clairement que si j'avais eu les yeux ouverts. J'y apercevais deux personnes, dans une barque, qui cherchaient un corps.

Pouvais-tu les entendre parler ?

Non. Ils n'avaient pas besoin de parler. Je savais instinctivement ce qu'ils étaient en train de faire. À un certain moment, ils se sont dirigés vers le bord de la rive et ont soulevé des branches. Le corps est alors remonté à la surface. J'ai eu peur ! J'ai ouvert les yeux et je me suis mise à « capoter ». Pourquoi est-ce que je voyais ça ? Est-ce que ça arrivait à quelqu'un que je connaissais ?

bord de la rivière. Elle disait vrai : ils ont retrouvé le corps sous les branches, exactement là où la voyante leur avait dit.

C'était donc un souvenir ?

Pas vraiment, puisque je n'avais plus jamais repensé à cet incident depuis mon enfance, sans compter que c'était une tante éloignée. J'ai tout de même rappelé ma copine médium pour partager ce que j'avais découvert, et c'est à ce moment-là qu'elle m'a dit que ma tante

« Les âmes nous parlent, mais on ne les entend pas. »

Était-ce une prémonition ? Toutes ces questions me hantaient.

Et quelle réponse as-tu obtenue ?

J'ai dû téléphoner à une copine médium pour qu'elle me conseille. La seule chose qu'elle m'a dite, c'est : « Demande, tu vas le savoir ! » J'ai alors demandé à l'Univers de m'éclairer et, dès le lendemain, certains souvenirs ont commencé à émerger… Quand j'avais environ une quinzaine d'années, la tante de ma mère, Madeleine, s'est suicidée. Ses proches l'ont cherchée longtemps, jusqu'à ce qu'une voyante leur dise qu'ils ne cherchaient pas à la bonne place et qu'ils devaient plutôt se rendre à un endroit précis, au

était peut-être prise entre deux plans et qu'elle avait besoin d'aide pour passer de l'autre côté. C'était la première fois que j'entendais parler de cette possibilité. J'avais une vision bien naïve de la mort et j'étais certaine qu'on s'en allait directement au paradis, sans devoir franchir d'autres étapes.

Comment as-tu réussi à accompagner cette tante ?

Par la méditation, je me suis préparée à entrer en contact avec ma tante et, du coup, j'ai vu un grand cercle lumineux à la hauteur de mon front. Je pouvais aussi sentir une présence. J'ai alors demandé qui était là et j'ai tout de suite entendu : « Madeleine. » Je me suis sentie aspirée dans un mouvement d'ascension avec elle avant même d'avoir eu le temps de dire que je connaissais une médium qui pouvait l'aider. J'avais vraiment l'impression de monter dans une espèce de tourbillon. Quand tout s'est arrêté, je me suis retrouvée dans un espace très, très lumineux.

Que pouvais-tu voir dans cet espace ?

J'ai vu les guides de ma tante venir la chercher. J'ai su instantanément que je n'avais plus besoin d'être là. Je lui ai simplement dit au revoir et, en la regardant, j'ai eu le sentiment que je la connaissais bien plus profondément que je ne l'avais cru auparavant. Ç'a été un genre de connexion d'âmes. C'est impossible à décrire, mais je comprenais pourquoi elle était passée par moi pour que je l'aide à traverser vers la lumière. Depuis, je reçois régulièrement la visite d'âmes qui ont besoin d'assistance, sans que je l'aie demandé.

Comment peut-on reconnaître les signes de nos proches disparus, selon toi ?

Quand on atteint un état de grande paix intérieure, par la méditation ou autrement, on peut tous avoir accès à ces autres plans de conscience. Et même ici, les âmes nous parlent, mais on ne les entend pas, parce qu'on n'a pas appris ce langage. On remet cons-

tamment en question les signes qu'on reçoit, les rêves et les « ressentis », par exemple. Quand on a l'impression que nos défunts se trouvent juste à côté de nous, on peut avoir confiance, c'est un signe réel de leur présence ! ■

www.sylvieouellet.ca

RECEVOIR DES MESSAGES PAR ÉCRITURE AUTOMATIQUE

Photographe de métier, Marcelle Corriveau ne croyait pas qu'elle recevrait un jour des messages de ses guides. Aujourd'hui, non seulement elle en reçoit quotidiennement, mais elle enseigne aussi l'écriture automatique. Entretien avec une femme qui affirme ne pas avoir de don.

Marcelle Corriveau, ex-enseignante en photographie, travaillait dans une boutique nouvel âge quand une amie lui a parlé d'écriture automatique et lui a montré comment contacter elle-même ses Guides de Lumière. Incrédule, elle a tout de même posé un crayon sur une feuille de papier, juste pour voir… et il s'est mis à écrire tout seul!

Marcelle, quel a été votre premier contact avec l'écriture automatique?
Je n'avais jamais même entendu parler de cette technique quand mon amie m'a donné une feuille de papier sur laquelle était inscrit le nom de mon ange et un petit mot d'amour. Elle m'a dit qu'elle en avait simplement fait la demande, et c'est ce que le crayon avait écrit! J'étais très intriguée et fascinée à la fois. Elle m'a alors expliqué qu'elle avait appris la technique de l'écriture automatique d'une autre amie.

Est-ce que cette amie vous l'a enseignée?
Oui. En fait, il n'existe pas de technique unique. Il suffit de déposer le crayon et d'attendre de sentir une énergie bouger dans la main, énergie qui la poussera à écrire. Certains peuvent aussi recevoir les mots par télépathie. Ce qui est important, c'est la préparation qui entoure la séance d'écriture.

De quel genre de préparation s'agit-il?

Mon amie m'a expliqué qu'il fallait s'assurer de recevoir des messages de bons messagers et, puisqu'elle était croyante, qu'il fallait que ça vienne de Dieu. Elle m'a fait une démonstration en récitant le *Notre père* et en déposant simplement son crayon sur une feuille. Ça écrivait tout seul ! Elle m'a aussi conseillé d'allumer une bougie et de placer un verre d'eau devant moi pour purifier l'énergie.

Faut-il être croyant ?

Non, ce n'est pas essentiel. Il bon moment. Mais trois semaines plus tard, après avoir mis de côté quelques-unes de mes peurs touchant les phénomènes invisibles, j'ai quand même essayé la technique.

Comment ça s'est passé, la première fois ?

Le jour où je me suis décidée à le faire, j'ai pris tant de précautions pour ne pas attirer de mauvais esprits, c'en était presque trop ! J'ai récité des prières, respiré profondément pour augmenter mes vibrations, placé des cristaux, allumé de

« Je me demandais ce que le crayon allait écrire… »

faut seulement s'assurer que la provenance des messages est lumineuse, de source divine. J'ai eu la preuve par la suite que si un être se présente et n'est pas dans la lumière, on le sent. Quand on le lui demande, il nous le dit.

Quels obstacles avez-vous dû surmonter avant de réussir ?

Quand je suis arrivée à la maison après cette incroyable révélation, j'étais très excitée, je trouvais ça magique ! Mon conjoint s'est empressé de péter ma bulle en me disant : « Regarde ! Moi aussi, je peux écrire en déposant mon crayon sur une feuille ! » J'ai tout de suite commencé à douter, et le doute ne m'a pas quittée pendant un l'encens et des bougies… Après tous ces préparatifs, j'ai écrit une question pour savoir s'il y avait un Guide de Lumière présent, et le crayon a bougé !

Avez-vous été étonnée ?

Tout à fait ! Je me suis demandé ce qu'il allait écrire, puisque je n'avais aucun contrôle sur lui. Je n'avais aucune idée de ce qui était en train de se tracer sur le papier. J'avais le sourire fendu jusqu'aux oreilles en constatant que mon esprit n'y était pour rien. Mais ç'a été si long et laborieux avant que le mot se forme que j'ai même pensé abandonner…

Quel mot avez-vous écrit en premier ?

Le mot « oui », qui répondait à ma question s'il y avait un être présent. C'était mal écrit, tout croche, mais je pouvais bien le distinguer. Puis, pendant une certaine période, je n'écrivais plus de mots, seulement des lignes et des gribouillis. Puisque ça ne se passait pas exactement comme ça s'était passé avec mon amie et que je n'avais pas d'autre référence, je me sentais perdue.

Après combien de temps avez-vous reçu votre premier message ?

En pratiquant plusieurs fois par jour, tous les jours, j'ai reçu mes premiers mots, entremêlés, au bout de deux semaines. J'essayais de deviner quels étaient les mots que j'écrivais, et ça me faisait douter encore plus. Je pensais que ça devait venir de mon imagination ! Puis, au bout d'un moment, je me suis mise à recevoir des messages d'un guide qui se nommait Louise et qui avait un grand sens de l'humour.

Par exemple ?

Un jour, j'avais mis de la musique pour écrire, ce qui a pour effet de me déconcentrer, et les premiers mots que j'ai écrits étaient : « Ferme ton clairon ! » Louise voulait que j'arrête la musique pour mieux me concentrer sur ses messages ! C'était une belle preuve que ce n'était pas mon esprit qui intervenait !

Vous enseignez aujourd'hui la pratique de l'écriture automatique. Faut-il avoir un don pour en faire ?

Pas du tout ! Tout le monde peut se laisser guider dans l'écriture. Mais il faut s'exercer ! Je te dirais qu'au moins 80 % des gens qui assistent au cours réussissent. Il n'y a pas que des personnes décédées qui nous transmettent des messages. Dans mon cas, ce sont surtout des Guides de Lumière.

www.wow.addr.com./ecriture.automatique

Johanne Villeneuve, médium

NETTOYER LES MAISONS DE LEURS ENTITÉS

Quand Johanne Villeneuve visite une maison, elle ne voit pas que les couleurs des murs, la décoration ou la hauteur des plafonds. Elle peut aussi y voir « des esprits qui se collent au plan terrestre pour toutes sortes de raisons ». Explications d'une *ghost buster* de métier.

Après avoir travaillé pendant plus de 20 ans dans une banque, Johanne Villeneuve a pris son courage à deux mains et a décidé d'exercer son métier de médium à plein temps. À part ses consultations privées pour recevoir des messages de personnes décédées et accueillir des guides, ainsi que les cours de médiumnité qu'elle donne à l'occasion, le gros de son travail consiste à « déloger des entités qui se manifestent dans les maisons et les aider à trouver leur lumière ».

Johanne, quels ont été les premiers signes de votre médiumnité ?

À l'âge de huit ans, j'ai prédit la mort d'une camarade d'école. En réalité, j'ai fait un voyage astral qui a duré deux semaines! Dès que j'entrais dans l'école, j'avais l'impression de pousser la porte d'un hôpital. Là, je voyais cette amie, étendue sur un lit, agonisante. Elle et moi, nous partagions un casier à l'école, et j'étais convaincue qu'elle avait essayé de se pendre dans ce casier. Un jour, les policiers sont venus me chercher à l'école…

Pourquoi ?

J'avais confié mon secret à ma mère et à des amies. La mère de la jeune fille l'avait appris et avait demandé à la direction de l'école d'intervenir pour que je cesse de répandre cette rumeur. Les policiers m'ont raccompagnée à la maison et ils ont dit à ma mère que j'avais beaucoup d'imagination… Mais ma mère

savait que je disais vrai. Dix ans plus tard, à la une d'un journal, on rapportait que cette jeune fille, qui était devenue une femme, avait été retrouvée pendue.

Avez-vous vécu d'autres expériences semblables dans votre enfance?

Oui. Durant mon adolescence, j'ai été témoin de plusieurs manifestations dans la maison familiale, comme une bouilloire qui siffle toute seule, des

n'ai pas osé, de peur de passer pour une folle.

Aujourd'hui, vous faites ce que vous appelez du « décodage de maison ». De quoi s'agit-il?

On fait souvent appel à moi pour nettoyer des maisons d'entités qui sont restées attachées au plan terrestre. Quand j'arrive dans une maison, si je sens que la présence est celle d'un bon esprit, je lui demande simple-

« Les entités se servent de mon corps pour communiquer avec les vivants. »

superballes qui sortent subitement du panier à jouets, des bruits inexpliqués… De plus, avec mes parents, on appelait les esprits. Pendant ces séances, je voyais des êtres avec qui je pouvais parler. Mais en réalité, il n'y avait personne, que des gens décédés.

Aviez-vous peur?

J'étais morte de peur! J'ai passé ma jeunesse à dormir la lumière allumée, une bible dans les mains, pour ne pas être harcelée par des mauvais esprits la nuit. À l'âge de 11 ans, par exemple, une de mes amies est morte accidentellement. Au salon funéraire, je l'ai vue debout, à côté de son cercueil. Elle me demandait de dire à sa mère d'arrêter de pleurer, qu'elle se sentait bien. Mais je

ment de passer dans la lumière. Et ça fonctionne, car plus souvent qu'autrement, il s'agit de défunts qui ont besoin d'aide et qui s'accrochent là où ils savent qu'ils vont en obtenir.

Et si ce ne sont pas de bons esprits?

Ils peuvent être bons, mais en colère. À ce moment-là, je fais des prières et je les invite à passer dans la lumière. Parfois, c'est très rapide, parfois, plus long. Dans ces cas-là, je fais brûler de la sauge et je joue de la musique avec un bol tibétain, ce qui les attire à moi. Puis, j'entre en transe profonde, et mon mari m'assiste. De cette façon, les entités se servent de mon corps pour communiquer avec les vivants, et c'est mon conjoint qui les aide à passer dans la lumière.

Est-ce que ces expériences vous ont déjà joué des tours ?

Je suis entrée dans une transe profonde alors que j'aidais un ami qui assistait à des manifestations étranges dans sa maison, à un point tel qu'il n'en dormait plus. Il nous a fallu 72 heures, à mon conjoint et à moi, pour faire passer cet esprit dans la lumière. Depuis, je n'accepte plus qu'on se serve de mon corps pour faire partir ces énergies négatives.

Vous faites aussi de la voyance. Racontez-nous une anecdote qui vous a marquée…

L'hiver dernier, une femme m'a appelée pour que je l'aide à trouver un jeune cousin porté disparu. Quelqu'un qui sait que j'ai un don de clairvoyance lui avait parlé de moi. J'ai simplement demandé le nom de la personne disparue et une photo. Je n'ai toutefois pas reçu beaucoup d'information de cette façon. J'ai donc demandé à la famille qu'on m'envoie un vêtement du disparu.

Et quel a été le résultat ?

J'ai pu voir qu'il avait perdu pied en tentant de se relever et qu'il était tombé dans une rivière gelée. Le lendemain, la femme m'a rappelée par cellulaire de l'endroit où son cousin s'était rendu le jour de sa disparition. À l'aide du voyage astral, je l'ai guidée par télé-phone et je lui ai indiqué les moindres pas qu'elle devait faire pour atteindre la pierre de laquelle le jeune homme était tombé. Mais je savais qu'on ne retrouverait pas le corps avant la fonte des neiges…

Est-ce que vous disiez vrai ?

Au printemps, son corps a émergé près de Rimouski, et le coroner a confirmé qu'il avait glissé et qu'il s'était débattu pendant 10 minutes, avant de mourir d'hypothermie. J'avais déjà dit à la famille qu'il ne s'agissait pas d'un suicide. Ça aussi, le coroner l'a confirmé. ■

www.audeladesmots.com

LE PACTE D'UN MÉDIUM AVEC SA SŒUR

Quand sa sœur aînée est décédée, à l'âge de 34 ans seulement, Serge Girard a vu sa médiumnité décupler à une vitesse affolante. En contact direct avec les esprits, il a écrit cinq livres sur les messages de l'au-delà qu'il a reçus depuis. Retour sur un phénomène de plus en plus répandu.

Serge Girard, enseignant au cégep de Jonquière, a toujours eu des contacts avec des êtres désincarnés, mais il n'en faisait pas trop de cas, jusqu'à ce que sa grande sœur meure du lupus, en 1981. Avant sa mort, tous deux avaient fait un pacte : si c'est vrai que l'esprit continue de vivre, le premier qui part devra faire un signe à l'autre. Denise est donc venue la première lui donner signe de vie… après la mort !

Serge, de quelles manifestations d'esprits avez-vous été témoin dans votre jeunesse ?

Selon moi, la médiumnité est héréditaire. Par ailleurs, le frère de mon père était médium. Je sais depuis toujours que le monde des esprits existe puisque, très jeune, je voyais et j'entendais des choses. Par exemple, quand j'ai rencontré ma femme, à l'âge de 17 ans, j'ai reconnu son grand-père décédé en visionnant avec elle un film de famille. Ce dernier m'avait rendu visite quelque temps auparavant !

Que s'est-il produit après le décès de votre sœur ?

Ma sœur est devenue très malade. Elle était atteinte d'une forme de lupus qui a obligé les médecins à l'amputer de plusieurs membres, dont les doigts. La nuit où elle est morte, je me suis réveillé et j'ai vu clairement ses mains charcutées, d'une grandeur démesurée, s'approcher de moi. Puis, le téléphone

a sonné pour nous annoncer son décès. Au même moment, on a frappé à la porte chez mes parents, mais il n'y avait personne. De plus, pendant les jours où ma sœur était exposée au salon funéraire, le téléphone sonnait sans arrêt, mais il n'y avait jamais personne au bout du fil!

Avez-vous eu d'autres signes?
Trois semaines après les funérailles, en pleine nuit, j'ai

compagnie de ma femme tous les mercredis. Une fois par mois, j'en faisais une avec des gens de mon entourage. De cette façon, on a reçu, sur une période de trois ans, des dizaines de messages et une tonne d'explications sur ce qui se passe dans l'au-delà. À un moment donné, on s'est aussi mis à recevoir des trompeurs…

Que voulez-vous dire?
Je parle d'esprits intelligents,

« Trois semaines après les funérailles, j'ai entendu Denise me parler… »

entendu Denise me parler très nettement. J'ai alors réalisé que les esprits existaient pour de vrai. J'ai dû dévorer plus de 300 livres pour comprendre qu'on pouvait tester notre médiumnité à l'aide de l'écriture automatique, ce que j'ai fait. Après avoir récité une petite prière et avoir demandé la protection de mes guides pour ne pas avoir affaire à des esprits tourmentés, je laissais le crayon écrire.

Que s'est-il passé par la suite?
Au début, on ne me faisait écrire que des lettres. Puis, on m'a transmis le message que ma demande de contact avec l'au-delà me serait accordée. Il était écrit: «Demande de faveur obtenue!» J'ai alors décidé de faire des séances en

mais qui s'amusent avec nous et qui ne véhiculent pas une belle énergie. J'ai donc décidé de mettre un terme à tout ça. Mais au bout de quelques mois, je me sentais coupable de laisser dormir toute cette information au fond d'un placard. Après mûre réflexion, j'ai commencé à écrire, ce qui a engendré le premier livre, *Messages de l'au-delà* (Éditions JCL).

Donnez-nous un exemple de message.
On m'a notamment expliqué le sens de notre venue sur la Terre. Notre planète est un peu comme un laboratoire d'expérimentation. Il y a plusieurs niveaux d'évolution dans l'Univers, que j'ai simplifiés sur une échelle de 1 à 5. Ici, on est au niveau 2, c'est-à-dire que nous ne som-

mes pas très évolués, et c'est pour ça qu'il y a tant de souffrance, de guerres et de gens malheureux. C'est un niveau d'épuration et d'épreuves où nous devons notamment apprendre à pardonner.

Que vous a-t-on dit au sujet de ce qui se passe après la mort ?

C'est extraordinaire. Il y a des écoles, des stages d'observation pour voir comment d'autres traversent le genre d'épreuves qu'on devra affronter. L'âme continue toujours à évoluer. D'ailleurs, on m'a assuré que tout ce qui est acquis ne se perd jamais. Et chacun d'entre nous a un plan de vie qui est fixé à 80 % et qui se prépare dans l'au-delà avant que nous revenions sur la Terre, même si nous gardons toujours notre libre-arbitre. Aussi, nous avons tous un ange gardien qui autorise notre plan de vie avant notre incarnation. Rien n'est le fruit du hasard, et il existe une logique pure derrière tout ce qui est.

Quelle différence faites-vous entre les sages et les moins sages sur votre échelle ?

Il y a une gradation dans notre niveau 2. Un grand sage serait à 2,9, tandis qu'un être plus inconscient serait peut-être à 2,1. Le but, c'est de faire des apprentissages. Au cours de notre vie, nous contactons le monde des morts toutes les nuits durant notre sommeil. Notre conscience voyage dans l'au-delà, elle suit des cours, puis elle revient dans notre corps au réveil. Le cerveau n'est qu'un véhicule pour permettre à l'esprit d'expérimenter la réalité de la matière sur la Terre.

Est-ce que votre médiumnité a évolué avec le temps ?

Oui. Je ne fais plus seulement de la psychographie (*écriture automatique*). Je vois et j'entends les esprits. Je me souviens aussi de ce que j'apprends la nuit, quand ma conscience quitte mon corps pour se rendre sur les autres plans. Après la publication du premier livre, les gens se sont mis à me joindre pour que je les aide avec les manifestations d'esprits dans leur vie. C'est très répandu comme phénomène, beaucoup plus qu'on le pense !

Que voulez-vous faire avec ce don ?

Je veux continuer d'écrire et d'aider les autres à ouvrir leur conscience. ■

C.P. 2294, Jonquière, G7X 7X8

Gaétan Morin, médium

COMPRENDRE LES MYSTÈRES DES AURAS

Ancien plombier, Gaétan Morin a amorcé un virage à 180 degrés le jour où il s'est mis à voir les auras des gens autour de lui. Depuis 20 ans, il enseigne partout au Québec le fonctionnement des centres d'énergie, aussi appelés chakras. Changement de cap inspiré.

Jusqu'en 1985, Gaétan Morin menait une vie tout à fait «normale» et travaillait comme entrepreneur en plomberie industrielle dans son village natal de Saint-Wenceslas. Mais il était destiné à une tout autre pratique. Déjà, dans son enfance, il avait fait de nombreuses sorties de corps nocturnes, sans toutefois parvenir à établir qu'il s'agissait effectivement de voyages astraux. Aujourd'hui, il enseigne aux gens comment rééquilibrer leurs chakras pour mener une vie plus en santé.

Gaétan, quel événement a fait basculer votre vie ?
En 1985, j'ai suivi un atelier de croissance personnelle avec mon épouse, où on apprenait à mieux gérer nos émotions. Dès le début du cours, alors que je faisais une introspection axée sur mes sentiments, je me suis mis à voir un halo autour de certains participants. Évidemment, ça m'a fasciné. Comme tout le monde, j'avais déjà entendu parler des auras, mais il n'y avait aucune personne-ressource autour de moi pour me guider dans ce nouvel apprentissage.

Pourquoi voyiez-vous l'aura de certains participants et pas celle de tous ?
Au début, je voyais l'énergie autour de quelques personnes seulement. Puis, avec le temps, ma vision s'est développée et j'ai pu en conclure que tout le monde a une aura. Je peux aussi voir des masses d'énergie

plus sombres aux endroits où les gens ressentent des malaises physiques.

Qu'avez-vous fait pour comprendre ce phénomène?
J'ai consulté des gens ayant plus de connaissances que moi en la matière, et puisque je savais qu'il devait y avoir une dimension spirituelle à tout ça, j'ai demandé, intérieurement, à entrer en contact avec mes guides. Au début, je me posais

Pourrait-on dire que vos guides vous coachaient dans des situations de la vie courante?
C'est exactement ça! Ils m'ont aidé à comprendre les réactions de l'aura. Un soir, je regardais un ami parler avec sa blonde, et l'aura de mon chum s'est distordue sans que rien paraisse sur son visage. Quelques jours plus tard, j'ai compris qu'il était en train de mentir de façon éhontée à sa blonde. Je l'avais perçu

«Ce que j'ai vu de plus beau, c'est l'aura d'une femme enceinte.»

simplement des questions sur tel ou tel élément que je ne comprenais pas et, le lendemain, j'avais des réponses. Puis, j'ai pu établir clairement un contact télépathique avec mes guides, qui ont commencé à me répondre directement. Il m'a fallu un certain temps pour m'y faire, mais ça marchait à tout coup! Ils me demandaient même de vérifier leurs affirmations quand ça concernait des proches!

Pouvez-vous nous donner un exemple?
Si, par exemple, je voyais une lumière brillante à un endroit précis du corps, ça voulait dire qu'il y avait de l'inflammation. Et je pouvais le vérifier sur-le-champ avec cette personne.

dans son champ d'énergie! C'est d'ailleurs un peu comme ça que les polygraphes détectent les mensonges, puisque cette technique est basée sur un signal électrique, donc énergétique.

Est-ce qu'on peut dire que certaines personnes ont une plus belle aura que d'autres?
Certainement! Ce que j'ai vu de plus beau, c'est celle d'une femme enceinte. Tout le monde dit que les femmes enceintes sont rayonnantes, la plupart du temps sans voir leur aura, et c'est exactement ce qui se passe sur le plan subtil. On peut voir une énergie enveloppante, très lumineuse. Un couple d'amoureux qui vit un coup de foudre, c'est beau à voir aussi... Mais ça

ne dure pas longtemps, malheureusement ! (Rires)

Vous donnez des ateliers sur les chakras. Quelle formation avez-vous reçue ?

De 1986 à 1989, j'ai développé un contact très conscient et permanent avec mes guides. Durant toute cette période, ils m'ont montré comment fonctionnent les chakras. J'ai appris comment on peut ouvrir ou fermer ces centres d'énergie, comment faire circuler l'énergie dans tout le corps avec plus d'intensité, comment on peut soi-même intervenir quand on est malade, etc. Et un jour, ils m'ont demandé d'enseigner ce qu'ils m'avaient transmis.

Comment avez-vous réagi ?

Je leur ai dit non ! Je ne savais absolument pas comment monter des cours ou des ateliers et je n'avais pas envie de jouer à l'apprenti sorcier ! En plus, je travaillais déjà à plein temps dans mon entreprise !

Qu'est-ce qui vous a fait changer d'idée ?

Pendant les six mois qui ont suivi, j'ai vécu plusieurs initiations au cours de voyages astraux qui se produisaient surtout en soirée. Un soir, on m'a emmené dans un endroit qui ressemble à une grande bibliothèque, appelée « les annales akashiques ». En consultant le livre de ma vie, je me suis vu dans le futur en train de donner des ateliers, d'enseigner aux gens à devenir plus autonomes et à vivre plus en santé.

Comment votre entourage a-t-il réagi ?

Évidemment, ç'a jasé un peu dans mon village quand j'ai vendu mes parts de la compagnie, et on m'a regardé de travers pendant un certain temps. Mais très vite, beaucoup de gens ont suivi mes ateliers et ils ont bien vu que je n'étais pas un illuminé !

Pourriez-vous nous donner un petit cours de chakras 101 ?

Ces centres sont rattachés au système endocrinien. Les glandes endocrines régularisent la chimie du corps humain. Pour ouvrir un chakra, il faut mobiliser par l'intention une charge importante d'énergie à l'endroit où il est situé dans le corps. Après avoir vécu une ouverture de chakra, manquer d'énergie, c'est fini pour la vie ! Il faut plutôt gérer des surplus d'énergie ! ■

www.eveildeschakras.com

Laurent Sirois, guérisseur

LA GUÉRISON AU BOUT DES DOIGTS

De 23 à 55 ans, Laurent Sirois a mené de front une carrière dans la vente et une autre, plus discrète, à guérir ses proches. Depuis deux ans, il se consacre exclusivement à sa mission de guérisseur. Retour sur 30 ans d'imposition des mains.

Pendant plus de 20 ans, Laurent Sirois a guéri des centaines de maux de tête ainsi que des dizaines de petits et de gros bobos, jusqu'à ce qu'il décide d'en faire un métier. De 1996 à 2001, il a notamment été formé à l'École Barbara Brennan, un collège de Floride reconnu pour ses enseignements en soins énergétiques. Aujourd'hui, il accompagne à plein temps les gens qui décident de se prendre en main et de faire confiance aux siennes !

Laurent, d'où vient ce don, selon vous ?
La seule chose à propos de mes mains dont je peux me souvenir remonte à la petite enfance. Je devais avoir cinq ans quand, en revenant de l'école, j'ai lancé un défi à ma sœur, pour voir qui de nous deux pouvait lancer la plus grosse roche dans un feu que mon père avait allumé. En voulant la battre, je suis tombé, les mains dans le feu, et je me suis brûlé très sévèrement. Le lendemain, une infirmière de campagne m'a enlevé toute la peau brûlée avec des pinces, et en dessous, mes mains étaient guéries !

Comment avez-vous découvert que vous pouviez stimuler la guérison des gens ?
Dans la jeune vingtaine, j'ai suivi un cours intitulé *Mind Dynamics*. On apprenait à utiliser le pouvoir de l'esprit sur la matière. C'est dans cet atelier que j'ai réalisé à quel point

l'énergie dans mes mains était forte. Je n'avais qu'à les mettre autour de la tête de mes partenaires pour les débarrasser de leur douleur. Quand je le faisais pour une épaule ou toute autre partie du corps, ça fonctionnait aussi. Et les gens peuvent souvent sentir l'énergie de mes mains passer dans leur corps!

Y a-t-il des cas pour lesquels ça ne fonctionne pas?

Oui. Je me dis souvent que si la guérison n'arrive pas, c'est que

l'âge de 45 ans, j'ai pris la décision de suivre une formation dans une école reconnue, celle de Barbara Brennan. Sur une période de cinq ans, j'ai fait la navette entre Montréal et la Floride pour apprendre les techniques les plus avant-gardistes en matière de soins énergétiques.

Comment avez-vous appris l'existence de cette école?

C'est une psychothérapeute qui m'avait prêté le livre *Les mains*

« Beaucoup de guérisseurs prennent sur eux les maux des gens... »

la maladie sert cette personne, d'une certaine façon. Comme si elle tenait à « garder » sa maladie. Il arrive aussi, par exemple, pour un *tennis elbow*, que le mal revienne. C'est toujours lié à une cause émotionnelle ou à un traumatisme, qui peut même avoir un lien avec une vie antérieure. Il arrive que des souvenirs de vies passées remontent pendant le traitement. Au début, je fonctionnais uniquement selon le principe de base, qui est « ne pas nuire ».

Que voulez-vous dire exactement?

On m'a expliqué que les dons des mains fonctionnaient seulement si le but était vraiment d'aider les gens. On ne peut donc pas se servir de cette force énergétique pour leur nuire. À

de lumière, un outil qui a été une révélation pour moi. Ça expliquait vraiment bien ce que je vivais et faisais comme travail. En lisant le deuxième livre de Barbara Brennan, j'ai su qu'il fallait que je suive une formation. C'est très rigoureux, là-bas. Pendant toute la période des études, nous devons être suivis par un thérapeute, question d'éliminer une foule de croyances qui obstruent nos canaux de guérison. Il faut aussi savoir nous protéger des énergies négatives…

C'est-à-dire?

Beaucoup de guérisseurs prennent sur eux les maux des gens qu'ils aident. Nous apprenons à nous protéger en étant à la fois bien enracinés et bien branchés à la « Source ». Il faut prendre conscience que nous ne sommes pas responsables de la guérison, que c'est l'énergie de l'au-delà qui traverse notre canal. En fait, nous sommes plus des « guides de guérison » que des guérisseurs.

Quelle est la théorie à la base de cet enseignement ?

Tout est basé sur les centres énergétiques du corps, appelés chakras. Mais on doit également comprendre que les êtres humains réagissent en fonction de leurs croyances.

Quelle est la part de responsabilité des gens que vous traitez ?

La guérison se fait sur plusieurs plans : émotionnel, mental, spirituel et physique. Les gens participent à leur guérison, bien sûr, mais j'ai aussi accompagné des patients en phase terminale, pour les aider à diminuer leur douleur et à trouver la paix avant de mourir.

Que se passe-t-il dans vos mains quand vous traitez les gens ?

Je peux ressentir une lourdeur ou des picotements au creux de mes mains. Parfois, c'est une sensation de chaleur ou de froid. En somme, tout se passe sur le plan des sensations pour moi. C'est vraiment intuitif. Certains guérisseurs voient littéralement à travers le corps. Chacun a des dons différents.

Pourquoi avez-vous attendu si longtemps pour en faire un métier ?

Je voulais avoir un maximum de formation, même en accompagnement thérapeutique, pour vraiment me sentir à l'aise pour offrir des soins énergétiques professionnels.

Quelles autres méthodes utilisez-vous ?

Je fais de la libération émotionnelle (EFT), selon une autre technique qui utilise les méridiens du corps et qui a fait ses preuves. Ça pourrait être comparé à l'acupuncture, mais au lieu de prendre des aiguilles, on fait des tapotements au niveau des méridiens, qui sont la base du système électrique du corps humain. Je fais aussi du massage intuitif.

Donnez-nous un exemple de guérison qui vous a marqué.

Une fois, j'ai traité une femme qui avait une masse sur un ovaire de la grosseur d'un œuf. Après cinq séances, la masse avait disparu. Quand ça se produit, c'est magique ! ■

www.laurentsirois.com

Alexandre Nadeau

ATTEINDRE UN NIVEAU DE CONSCIENCE PLUS ÉLEVÉ

Avec le temps, la spiritualité est devenue pour Alexandre Nadeau une véritable passion. Après avoir tout essayé et énormément dépensé, ce jeune homme de 29 ans est devenu formateur à plein temps afin d'aider les gens en perpétuelle quête de réponses.

Devenu maître en programmation neurolinguistique, formé en chamanisme, en médecine énergétique, en hypnose et en intuition médicale, Alexandre Nadeau était un consommateur compulsif de livres de développement personnel et spirituel… jusqu'à ce qu'il vive un éveil important. Aujourd'hui, il consacre son temps à enseigner en accéléré ce qu'il a mis des années à apprendre… à grands frais !

Alexandre, d'où part cette quête de réponses à tes questions existentielles ?

Je viens d'un petit village dans Lanaudière, Sainte-Mélanie. Les sujets spirituels n'étaient pas les plus populaires dans les discussions de tous les jours entre amis. En deuxième secondaire, un professeur de géographie nous a fait faire de la méditation sur l'heure du midi. Même si je n'ai pas vraiment obtenu de résultats, ç'a été un élément déclencheur. Plus tard, quand j'ai réalisé que les études que j'avais entreprises en techniques policières n'étaient pas pour moi, j'ai cherché intensivement ma voie.

Quel a été ton premier contact avec le développement personnel ?

Je me suis mis à lire toutes sortes d'ouvrages. Le premier auteur qui m'a marqué est Anthony Robbins, un motivateur américain. Puisque je n'arrivais pas à appliquer la recette qu'il décrivait dans son livre, j'ai

commencé à suivre des cours, d'abord en programmation neurolinguistique, puis dans d'autres domaines. En 11 ans, j'ai dépensé 45 000 $ pour des livres, des ateliers, des cours et des conférences que j'ai suivis un peu partout dans le monde.

Qu'est-ce qui motivait la poursuite de ta quête?

La question qui me hantait était: «Quelle est ma mission de vie, pourquoi suis-je sur la Terre?» Je n'étais pas heureux dans mon travail et j'étais toujours fatigué. Je suis tombé sur une méthode développée par un Suédois, Robert Johanssen, qui m'a intrigué. J'ai téléphoné en Suède pour parler à cet homme et j'ai été tellement impressionné que j'ai organisé un stage avec lui au Canada. Au troisième jour de ce séminaire, j'ai vécu quelque chose d'exceptionnel.

Raconte...

C'était une expérience sensorielle inespérée. J'ai atteint un autre état de conscience, où je n'avais simplement plus de monologue intérieur. Je n'entendais plus le blabla habituel dans ma tête. En plus, je ressentais la vie dans tout. Je pouvais voir, par exemple, l'énergie vivante de tous les objets et de toutes les personnes qui se trouvaient dans la pièce.

Qu'est-ce que tu veux dire?

Je percevais clairement de la lumière, un genre de halo blanc, autour de chaque personne. L'air et le vide, entre chacun de nous, étaient remplis de particules lumineuses. Tout était vraiment plus beau, moi compris! Je ressentais même l'énergie se dégageant des chaises! Je me suis dit intérieurement: «Wow! je suis réellement rendu dans cet état de conscience!»

«Je ressentais même l'énergie se dégageant des chaises!»

Et en te disant ça, en es-tu ressorti?

Non... C'est ça le plus exceptionnel! C'était la première fois de ma vie qu'en me parlant dans ma tête, je conservais un état de conscience altéré de grand bien-être. J'avais expérimenté des changements d'état intéressants dans le passé, mais dès que je réfléchissais, dès qu'une pensée me venait, tout revenait à la normale. Je suis resté dans cet état d'extase pendant six heures!

Comment y es-tu parvenu?

Grâce à des exercices très simples basés sur une série de questions que nous posait Johanssen. Quand on te pose des questions, tout ton corps veut y répondre, instinctivement. À force de m'exercer, j'ai réussi à être présent dans tout mon corps et à rendre possibles ces changements d'état de conscience.

Qu'est-ce que cette expérience a changé dans ta vie?

D'abord, ça brise des croyances qui sont bien ancrées en nous. Par exemple, je ne croyais pas auparavant pouvoir atteindre des états de conscience de haut niveau tout en ayant des pensées. De plus, je ne vis plus dans la séparation du corps et de l'esprit. Je ressens l'unification. Je n'ai plus peur de retomber dans des états normaux, parce que je sais que je peux provoquer ces changements d'état de conscience. Et le plus important, c'est que ça m'a permis de savoir qui je suis vraiment.

Peux-tu t'expliquer?

J'ai retrouvé l'espèce de fil conducteur qui, sans que je le ressente, a toujours été en moi. C'est ce que j'appelle le chemin personnel, qui est unique à chacun. Il me permet de savoir à tout moment de ma vie si je suis dans la bonne direction. Il s'agit d'être conscient de qui nous sommes, en dehors de nos rôles, de notre profession ou de notre personnalité.

Est-ce que tu fais encore des ateliers?

Je n'ai plus besoin d'en suivre, du moins pas de façon compulsive. Je sais maintenant que je peux me fier à mes inspirations pour me mener là où je dois aller. Si je décide de suivre un cours, c'est parce qu'il m'aidera dans la voie que j'ai choisie.

Qu'est-ce que tu enseignes aujourd'hui?

J'essaie de montrer aux gens qu'ils peuvent atteindre et recréer des états de conscience de haut niveau, et je leur enseigne à se reconnecter avec leur essence. Mon but est de faire comprendre à chacun qu'il est possible d'être autonome dans sa quête spirituelle, soit de ne pas dépendre d'un livre ou d'un maître. ■

www.alexandrenadeau.com

Claire Pimparé

« L'ENFANT QUI NOUS A ÉTÉ ENVOYÉE »

Grand-mère depuis 2005, Claire Pimparé ajoute une nouvelle dimension à sa vie déjà bien remplie, tant sur le plan personnel que spirituel. La petite Raphaëlle est arrivée neuf mois après la mort de la mère de Claire, ce qui lui fait dire qu'« elles ont dû se rencontrer là-haut », pour le relais.

À l'âge de 12 ans, Claire Pimparé s'amusait à faire bouger les objets à distance (phénomène appelé *télékinésie*). Vingt ans plus tard, une sortie de corps marquante l'a propulsée dans d'autres dimensions pendant plus de quatre heures. À 50 ans, après un divorce douloureux, elle a fait à pied 1 400 kilomètres sur le chemin de Saint-Jacques-de-Compostelle pour arriver à trouver plein de « nouvelles Claire » en elle, et à faire les deuils qui s'imposaient. Aujourd'hui, elle goûte pleinement son nouveau rôle de grand-maman, tout en gardant sa curiosité d'enfant et son goût de tout expérimenter.

Claire, d'où te vient cet intérêt pour la spiritualité ?

J'ai été élevée comme tout le monde dans la religion catholique, mais très jeune, on a fait la part des choses à la maison. Je me souviens du dernier chapelet pendant lequel on a tous été pris d'un fou rire monumental, mes frères et sœurs et moi. Ma mère s'est alors levée et a décrété : « O.K., je crois que c'est la dernière fois ! » Mais la foi est demeurée en moi.

En quoi crois-tu ?

Je crois en Dieu, que l'âme continue après la mort et en la réincarnation. D'ailleurs, quand ma sœur Nicole est décédée, j'ai senti que son âme venait de quitter son corps. Je crois aussi que l'âme décide de revenir sur la Terre, pour continuer d'évoluer. Et je suis parfaite-

ment en paix avec l'idée de la mort, je n'ai pas peur du tout. Dans la vie de tous les jours, ma spiritualité s'exprime justement en essayant de mieux connaître l'âme des gens qui m'entourent.

Explique-nous tes dons de télékinésie.

À l'âge de 12 ou 13 ans, je gardais souvent des enfants. Quand ils dormaient, je faisais toujours le même rituel. Je m'assoyais d'abord confortablement dans

dans ta vie?

La première fois que ça m'est arrivé, je venais d'avoir mon troisième enfant et j'étais dans un état de fatigue extrême. J'étais allée me reposer dans un centre et, au moment où je pleurais d'épuisement dans mon bain, je me suis vue sortir de mon corps pour aller flotter au plafond. De là, « je me tendais les bras », mais je comprenais que d'en bas, mon corps ne voulait pas de cette

« Tous les objets se déplaçaient sans que je les touche. »

le même fauteuil et j'attendais, sans rien faire. Soudain, tout se mettait à bouger…

Quoi, exactement?

S'il y avait un livre près de moi, par exemple, il s'ouvrait tout seul et, d'un coup, toutes les pages se tournaient jusqu'à la fin. Tous les objets, en fait, se déplaçaient sans que je les touche. Et ça ne me faisait même pas peur, je le prenais comme un jeu. Jusqu'au jour où, même si j'avais décidé d'arrêter et de regarder la télé, les objets, eux, ont continué à se déplacer. J'ai eu tellement la frousse que j'ai crié en frappant sur la table avec mon poing, et tout s'est arrêté. Je n'ai jamais pu le refaire depuis!

Et les sorties de corps, ça s'est passé plus tard

tendresse. Je me suis dit: « Ayoye, comment se fait-il que je ne veuille pas me prendre dans mes bras? » Pour moi, ç'a été comme un premier voyage initiatique.

Il y a eu d'autres expériences?

Quelques années plus tard, j'avais envie d'expérimenter un rebirth. Je l'avais fait une première fois avec une religieuse, mais ça n'avait pas marché. J'ai donc réessayé avec une thérapeute spécialisée. Quelques minutes après m'être allongée sur sa table, je suis partie, et pas à peu près! Pendant quatre heures, j'ai visité d'autres mondes que je peux difficilement décrire.

Essaie toujours!

Je me suis notamment vue entrer dans une immense pièce

qui ressemblait à une bibliothèque. Il y avait plein de gens qui semblaient tellement bien ! Tout était calme, les livres paraissaient faits de ouate. Puis, je suis passée dans une autre pièce, où un homme m'attendait. Je pleurais beaucoup en lui disant ne plus vouloir retourner en bas ! À un certain moment, une femme est arrivée et m'a parlé « dans le casque » comme jamais personne ne l'avait encore fait ! En bref, elle me disait que je ne pouvais pas refuser ainsi de faire ce que j'avais moi-même décidé d'accomplir avant de m'incarner. Quelle leçon de vie, quand même !

Après toutes ces expériences, les voyages initiatiques et même la rencontre du dalaï-lama, que pouvais-tu demander de plus ?

L'arrivée de Raphaëlle ! Imagine, mon fils m'a annoncé que sa blonde était enceinte un mois après la mort de ma mère. Je suis certaine qu'elles se sont croisées là-haut toutes les deux ! Dernièrement, je suis allée rendre visite à mon oncle centenaire, avec la petite. Quand je lui ai mis le bébé dans les bras, il m'a dit la phrase la plus touchante qui soit : « Je tiens la vie dans mes mains. » Cent ans les séparent, quelle belle image de la vie ! En plus, cette enfant m'apprend à vivre. Je goûte vraiment le moment présent

avec elle, ce que je n'avais pu faire avec les miens. ■

clairepimpare@gmail.com

2. EMI
Expériences de Mort Imminente

Shelley Yates

ORGANISER UNE MÉDITATION PLANÉTAIRE

L'histoire de mort clinique de Shelley Yates est une des plus incroyables qui soient. Après avoir été sauvée *in extremis* des eaux glaciales d'un lac de la Nouvelle-Écosse avec son fils de quatre ans, Shelley a organisé une méditation planétaire le 17 juillet 2007. Pari céleste gagné !

Après avoir vérifié auprès d'un expert médical de Montréal, il ne fait aucun doute que l'histoire de Shelley Yates est authentique et se classe parmi les phénomènes médicaux inexpliqués. De nombreux médecins se sont penchés sur son cas et celui de son fils, Evan, tous deux déclarés morts après avoir passé respectivement 22 et 30 minutes sous l'eau, sans pouvoir comprendre comment ils sont revenus à la vie et en pleine forme.

Shelley, donnez-nous les détails de l'accident.
Le 14 novembre 2002, j'allais reconduire mon fils, qui voulait jouer chez un ami, quand ma voiture a fait de l'aquaplanage sur le pont avant de basculer dans le lac et de couler à pic jusqu'au fond. J'avais beau essayer d'ouvrir les vitres et les portes, rien à faire, nous étions prisonniers.

Comment avez-vous réagi ?
J'ai une formation de sauveteur, et je fais de la plongée sous-marine depuis des années, alors je n'ai pas paniqué sur le coup. J'étais certaine qu'une fois que l'auto se viderait de son air, on pourrait ouvrir les portes. Avant que la voiture ne se remplisse d'eau, j'ai dit à mon fils : « Prends une grande respiration, maman va te sortir de là. » Je l'ai agrippé par sa veste, et après qu'on a été submergés, j'ai tenté par tous les moyens d'ouvrir les portes, mais sans succès. Là, j'ai paniqué !

Quel a été votre premier réflexe ?

J'ai poussé mon fils au fond de la voiture, où je croyais qu'il restait de l'air. Puis, j'ai continué à forcer les portes jusqu'à ce que je ressente le besoin de respirer. Quand l'eau est entrée dans mes poumons, c'était comme du feu. Je savais que j'allais mourir, mais je voulais prendre mon fils dans mes bras une dernière fois, pour qu'il ne croit pas que je l'avais abandonné. Tout à coup, j'ai entendu dans mon oreille droite une voix majestueuse m'ordonner de ne pas paniquer, car si je paniquais, je me noierais !

Facile à dire !

Exactement ce que j'ai répondu : « No shit, Sherlock ! » Je ne croyais pas en Dieu à cette époque, et je ne réponds pas très bien aux ordres. Alors, la voix s'est faite plus douce, pleine d'amour, comme une mère qui calme son enfant. On m'a demandé de m'abandonner à l'eau, que nous allions être sauvés mon fils et moi si j'avais la foi et si je suivais leurs instructions.

Avez-vous réussi à vous abandonner ?

Je ne sais pas comment j'ai fait, mais j'ai complètement arrêté de me débattre et je me suis laissé mourir, tout simplement, sans ressentir la moindre angoisse.

Que vous a-t-on raconté de la suite des événements ?

Le premier miracle s'est produit quand deux hommes accompagnés d'un ami ambulancier ont réalisé que ma voiture venait de plonger dans le lac. Ils ont sauté dans l'eau, et mis 15 minutes à me sortir de l'auto. Puis,

« J'ai complètement arrêté de me débattre et je me suis laissé mourir... »

l'ambulancier a pratiqué des manœuvres de réanimation, pour finalement déclarer à ses amis que j'étais morte. Ses paroles m'ont fait me redresser d'un coup et crier : « Sortez mon fils de l'auto ! »

Ils ne savaient pas que votre fils y était encore prisonnier ?

Non, ils ne l'avaient pas vu. Le deuxième miracle s'est produit quand un autre homme a aperçu une carrière de roches, non loin, où il pouvait emprunter un camion et sortir la voiture de l'eau. Quand ils ont sorti mon fils du lac, son petit corps était tout bouffi, rempli d'eau et de sang. Il a tout de même été conduit à l'hôpital, où les médecins nous ont déclaré qu'il n'y avait plus rien à faire, qu'il fallait le débrancher. Au mieux, il resterait légume toute sa vie, sous respirateur artificiel.

Qu'est-ce qui vous a fait douter de leur pronostic ?

Je suis sortie dans le corridor pour dire à « la voix » qu'on m'avait promis de sauver mon fils. À ce moment, j'ai eu la vision d'une sorte de chaudière dans laquelle reposait un filet d'argent. On m'a fait comprendre que je devais remplir cette chaudière d'énergie pour Evan. Je suis rentrée dans la chambre et j'ai vu les auras de tout le personnel médical. Je n'avais jamais vu d'aura auparavant !

Que deviez-vous faire exactement pour sauver votre fils ?

Je devais faire défiler des gens pendant 72 heures dans sa chambre pour lui faire un don d'énergie et, ainsi, reconstruire son aura. Chaque personne devait lui donner de l'amour et le toucher, 20 minutes à la fois, question de ne pas épuiser le donneur. Les médecins trouvaient cette pratique peu orthodoxe, mais ils ont respecté mon choix. Au bout de trois jours, une de mes amies est venue me chercher en criant: « Il a ouvert les yeux ! »

Est-il parfaitement rétabli aujourd'hui ?

Les médecins ont continué de dire qu'il resterait légume. Mais au bout de trois semaines, Evan est sorti de l'hôpital, sans aucune séquelle ! Pendant son hospitalisation, huit médecins de partout au Canada sont venus l'examiner pour comprendre ce qui s'était passé, mais ils ne m'ont jamais demandé ce que nous avions fait !

Vous avez organisé une méditation planétaire pour le 17 juillet. Pourquoi ?

Pendant que j'étais morte, des Êtres de Lumière m'ont donné des instructions et, même si je ne voulais plus rien savoir après être retournée chez moi avec mon fils, j'ai continué à entendre « la voix ». On m'a demandé d'organiser une méditation d'une heure aux quatre coins de la planète à 11 h 11, heure de Greenwich (7 h 11 au Québec), le 17 juillet 2007, pour soigner la Terre et rehausser son champ d'énergie, exactement comme on l'avait fait avec mon fils. Plus de 2 000 équipes dans 55 pays ont travaillé à l'organisation de cet événement, bénévolement ! Il est difficile d'évaluer le nombre exact de personnes, mais nous savons que des millions de gens ont médité ou prié pendant une heure ! ■

www.firethegrid.com

Sauver sa vie en frôlant la mort

En voie de guérison d'un cancer de l'estomac, Guy Corneau n'en est pas à sa première expérience les yeux dans les yeux avec la mort. Dans la trentaine, il a vécu une EMI qui lui a en quelque sorte « sauvé la vie ». Il doit cette première guérison à une expérience « d'unité avec le grand Tout ».

À l'âge de 38 ans, l'auteur du *Meilleur de soi*, Guy Corneau, a compris qu'il faisait partie du grand Tout immortel. Atteint d'une colite ulcéreuse (une maladie chronique de l'intestin), il avait décidé, en pleine crise, de jeûner pour éviter l'hospitalisation. Mais plutôt que d'améliorer son état, cela l'a vite mené aux frontières de la mort. La suite est une superbe histoire de guérison physique et spirituelle. D'ailleurs, dans son livre *La guérison du cœur* (Éditions de l'Homme), Guy raconte son histoire en détail, et conclut : « Je comprenais qu'il n'y avait pas de mort, qu'il n'y avait que des changements d'état. Mourir ssignifiait retourner à la Source et se reconnaître identique à tout ce qui vit. Tout est un. »

Guy, avant de vivre cette expérience, aviez-vous déjà une ouverture sur le plan spirituel ?

En fait, je suis psychanalyste de formation jungienne. Si j'ai choisi Carl Gustav Jung, c'est justement pour son approche ouverte sur l'aspect spirituel. Par exemple, Jung fait la différence entre le « moi » et le « Soi », qui représente la pulsion créatrice intérieure de l'être. Il expliquait la religion par le fait que l'on est relié à l'Univers et à soi-même. J'avais donc déjà choisi l'approche d'une psychologie très ouverte sur la spiritualité. Je n'aime pas beaucoup le mot spiritualité au sens où on l'entend habituellement mais, à l'origine, il vient de « spir », qui veut dire respiration. Pour

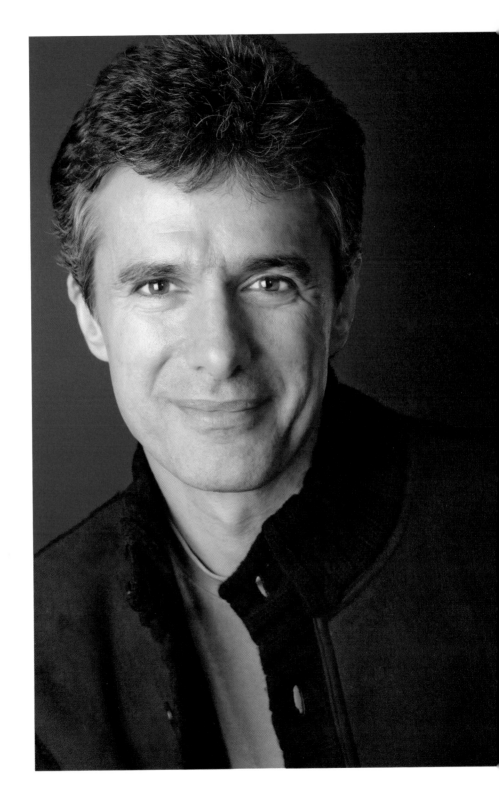

moi, la spiritualité, c'est ce qui donne du souffle à un être. Mais je crois qu'il faut en même temps régler le côté psy, les problèmes de l'enfance, notamment.

Racontez-nous comment vous avez vécu cet épisode de mort imminente.

Je venais de terminer l'écriture du livre *Père manquant, fils manqué* et j'avais largement dépassé mes limites physiques.

J'ai compris qu'elles représentaient ma vie et contenaient tous mes effets personnels. J'étais dans l'éternité, et le temps n'existait plus. Puis, une autre nuit, j'ai vu mon corps étendu sur le lit et j'ai senti une présence apaisante à mes côtés. Une phrase parcourait mon être : « Abandonne-toi. Tout va bien aller. »

Comment vous en êtes-vous sorti ?

« J'étais dans l'éternité, et le temps n'existait plus. »

Mon intestin faisait des siennes, et je perdais beaucoup de plasma sanguin. Moi qui ne jure que par les médecines douces, je ne voulais rien savoir d'être hospitalisé, alors j'ai opté pour une clinique de jeûne. Très vite, mon état s'est mis à se détériorer. Le septième jour, je n'avais plus la force de lire et j'étais étendu à regarder un nuage, quand je me suis senti tout à coup entrer en collision avec le nuage, comme si un zoom m'en avait instantanément rapproché.

Avez-vous vécu d'autres phénomènes semblables ?

Le lendemain matin, alors que j'essayais de me rendre à une conférence de la clinique, je me suis écroulé de faiblesse. C'est alors que j'ai vu deux valises sur le bord du trottoir.

Avec beaucoup d'amour, mon père et ma mère sont venus me sortir de là, et je suis entré à l'hôpital Saint-Luc. Mon médecin, en plus d'être compétent, a été d'une humanité touchante. Aujourd'hui, je contrôle ma maladie sans recourir aux médicaments.

Comment ces souffrances ont-elles changé votre vie ?

La maladie m'a sauvé la vie. Elle a joué un rôle d'initiatrice. J'ai aussi compris que l'amour est le tissu même de l'univers, l'identité commune à chaque être ainsi qu'à chaque chose.

À quoi croyez-vous ?

Pour moi, si quelque chose comme Dieu existe, je le définirais comme la somme de toutes les énergies créatrices universelles. Je fais partie de ça, donc

Dieu fait partie de moi et de tout ce qui existe. L'idée d'un être supérieur, d'une sorte de papa bienveillant qui serait extérieur à soi, me semble un peu enfantine. De mon point de vue, la religion catholique avec ses châtiments, ses péchés et ses culpabilités n'était pas respectueuse des êtres.

Vous avez créé les Productions cœur.com. Quel en est l'objectif?

J'ai reçu une formation en psychodrame. Je viens aussi du monde du théâtre et, à un moment donné, le travail de groupe et de l'expression me manquait. Je me suis dit que j'allais inviter des thérapeutes et des artistes à collaborer pour allier compréhension psychologique et expression créatrice, dans une perspective d'ouverture du cœur et d'expansion de l'être. Ce qui veut dire, en pratique, ouvrir des horizons spirituels et se mettre en mouvement pour apporter des changements. On offre ces ateliers au grand public, tant ici qu'en Europe, où ils ont connu un grand succès. ■

www.guycorneau.com

Danielle Gauthier, médium

REVENIR À LA VIE POUR ACCOMPLIR UNE MISSION

Pendant plus de 40 ans, l'enseignante Danielle Gauthier a tenté d'ignorer ses facultés extrasensorielles. Mais une expérience de mort imminente et un accident grave ont refait émerger ses dons, qui sont plus forts que jamais. Regard sur des catalyseurs de médiumnité.

Détentrice d'un baccalauréat en géographie et enseignante au primaire, Danielle Gauthier a tout pour garder les deux pieds sur terre. Pourtant, elle est une « sensitive » qui ressent la mort de ses proches et qui est branchée sur l'énergie subtile des autres dimensions grâce à l'écriture automatique, le *channeling*, la lecture d'auras et les soins énergétiques, à titre de maître Reiki.

Danielle, comment ressentez-vous la mort?

La première personne que j'ai senti mourir, ç'a été ma grand-mère. Puis, j'ai senti la mort de mon frère à la minute près, et celle de ma sœur, il y a quelques semaines. C'est une sensation très physique, comme si mon cœur se fendait en deux. Je peux aussi voir la mort approcher. Par exemple, 24 heures avant qu'une personne décède, je ne vois plus d'aura autour de son corps physique.

Est-ce que vous avez constaté ce fait avec votre sœur?

Deux jours avant qu'elle meure, son aura était faible, mais présente. Le lendemain, je devais partir en voyage pour quelques jours. J'ai hésité, mais ma mère m'a convaincue d'y aller tout de même. La première nuit à l'hôtel, des craquements dans la chambre m'ont réveillée. Puis, la télé s'est ouverte toute seule et le son était au maximum, alors que nous l'avions écoutée à très bas volume! Je me suis mise à prier et

j'ai su, au matin, que ma sœur était morte à l'heure exacte où j'ai ressenti mon fameux malaise au cœur.

Avez-vous eu des manifestations physiques pour votre frère aussi ?

Oui. Quand j'ai senti sa mort approcher, personne ne pouvait me conduire de Lachute à Montréal. Je suis donc allée prier à la chapelle. Au pied de la croix, il y avait un bouquet de

tout ce que les gens qui ont vécu des EMI décrivent dans les livres. D'abord, je suis sortie de mon corps et j'ai vu ma vie défiler sous mes yeux. Puis, j'ai vu le tunnel de lumière et ma grand-mère Gauthier qui me tendait la main.

Comment vous en êtes-vous sortie ?

Mon mari était ambulancier, c'était pratique ! Après qu'il m'a réanimée, je lui ai dit : « Ah,

« Vingt-quatre heures avant qu'une personne décède, je ne vois plus son aura. »

lys orange. J'ai demandé à Dieu qu'il vienne chercher mon frère, qui luttait contre la mort dans d'horribles souffrances. Au même moment, tous les pétales de lys sont tombés par terre ! J'ai su qu'il venait de s'abandonner. Plus tard, j'ai eu l'impression que c'était moi qui mourais tellement la sensation que j'éprouvais au cœur était foudroyante. Cinq minutes après, mon père appelait pour m'annoncer le décès de mon frère !

À quel âge avez-vous vécu votre expérience de mort imminente ?

À l'âge de 19 ans. Je venais de me marier, et mon mari avait entrepris de me montrer à faire de la plongée en apnée. Ç'a mal tourné et j'ai respiré de l'eau, assez pour me noyer. Là, j'ai vu

pourquoi tu m'as sauvée ? J'étais si bien ! » Je me souviens de la paix indescriptible que je ressentais de l'autre côté. Mais c'est à 40 ans que j'ai vécu l'événement qui a marqué un tournant majeur dans ma vie.

Que s'est-il passé ?

Je suis entrée dans une porte en vitre que je croyais ouverte. Ma tête a traversé le verre et je me suis coupée très profondément à la gorge. J'ai réussi à garder mon calme malgré le sang qui coulait abondamment. Mon fils m'a conduite d'urgence à l'hôpital, et pendant que le médecin me faisait des points de suture, j'ai entendu la voix d'un homme me dire : « Ce n'est pas le temps pour toi de mourir, tu as une mission. » J'ai regardé autour de moi, mais personne ne parlait !

Que s'est-il passé ensuite?

Tous mes souvenirs d'épisodes médiumniques depuis ma tendre enfance, que j'avais complètement refoulés, sont revenus à ma mémoire. Ç'a été l'élément déclencheur qui m'a remise en contact avec toutes mes facultés extrasensorielles. Je me suis mise à voir les auras, à faire des guérisons spontanées, à être clairvoyante et *channel* en même temps. Mais je doutais de moi, alors j'ai consulté cinq astrologues différents qui m'ont tous confirmé que j'avais des dons!

Quelle a été votre première guérison?

Une de mes amies avait un gros mal de tête qui l'empêchait de sortir de la maison. Pour m'amuser, je lui ai dit: «Ils m'affirment tous que je suis guérisseuse. On va l'essayer!» J'ai posé mes mains sur sa tête et, cinq minutes après, elle n'avait plus de symptômes. Je me suis mise à le faire avec plein de gens de mon entourage, pour constater que ça marchait vraiment!

Vous croyez-vous, maintenant?

Le jour où mon mari m'a demandé d'aider un de nos voisins, qui venait de se brûler au troisième degré, j'ai commencé à me croire. L'homme était très souffrant et devait subir une greffe de peau. Après avoir médité et reçu les instructions de mes guides, je suis allée lui offrir de lui enlever la douleur. L'homme était très sceptique, mais quand il a senti le mal partir au fur et à mesure que je passais une pierre de cristal par-dessus ses bandages, il s'est ouvert. Le lendemain, ses brûlures étaient guéries. Le personnel médical n'en croyait pas ses yeux!

Que faites-vous avec ces dons aujourd'hui?

J'ai mis mes dons au service des gens pour les aider à se guérir tant sur le plan psychique que physique. Je sais aussi que j'ai un rôle à jouer auprès des enfants. Ceux qui s'incarnent sur la Terre aujourd'hui sont de vieilles âmes qui ont différents dons de médium. J'écris présentement un livre pour aider les parents à mieux les accueillir et les guider. ∎

omael1955@hotmail.com

VOIR DES FANTÔMES DEPUIS L'ENFANCE

Bien qu'elle voie la lumière autour des gens, Renée Sévigny a choisi de travailler dans l'ombre. Médium et enseignante, elle transmet aux gens ses visions et ce que ses guides lui ont enseigné au cours de ses nombreuses sorties de corps. Projecteurs sur une voyante discrète !

Renée Sévigny est dotée d'une vision qui semble doublée de rayons X, comme si elle voyait à travers les gens. Clairvoyante, « clairaudiante » et sensitive de naissance, elle a d'abord cru que tout le monde était comme elle. Après avoir vécu deux expériences de mort imminente (EMI) à 20 ans d'intervalle, elle a finalement choisi de mettre ses dons au service de ceux qui sont en démarche spirituelle.

Renée, que voyiez-vous pendant votre enfance ?

Je devais avoir trois ou quatre ans quand ma grand-mère est entrée dans ma chambre, un soir où nous manquions d'électricité. Il faisait très noir et elle voulait me rassurer. Mais moi, je voyais une lumière si intense autour d'elle que je lui ai demandé de souffler sa chandelle, qui me donnait mal au cœur tellement elle était brillante. Elle m'a répondu qu'elle n'avait pas encore allumé de bougie ! Ma grand-mère était une femme très croyante et elle priait beaucoup. À mes yeux, elle était « illuminée ».

Est-ce que le même phénomène se manifestait chez les autres membres de votre famille ?

Oui. J'ai passé cette nuit-là à me promener dehors, entre chez moi et la maison des voisins, à voir tout le monde flotter. En fait, je voyais l'énergie comme une lumière qui danse autour de chaque personne. Mon plus vieux souvenir remonte à l'âge de deux ans…

Quel est-il ?

Mon frère aîné m'avait sortie de mon lit de bébé pour m'emmener voir le lever du soleil dans la ruelle. Nous marchions tous les deux pieds nus, au mois de mai, et je me souviens du sentiment de plénitude que j'ai éprouvé quand j'ai vu le soleil émerger à l'horizon. J'avais l'impression d'être à la maison, de reconnaître qui j'étais, d'où je venais, et de savoir que j'étais à la bonne place !

mort. Racontez-nous.

J'ai vécu ma première EMI à l'âge de huit ans, au cours d'une opération visant à déloger une aiguille dans mon genou. J'avais reçu une dose un peu trop forte d'anesthésiant et je suis complètement sortie de mon corps pour me retrouver au plafond de la cuisine chez ma mère. Je la voyais et l'entendais dire à mon frère : « Je me demande quand on va avoir des nouvelles de ta sœur. » Je

« J'ai revécu des moments de toutes mes vies, de l'âge de pierre à aujourd'hui. »

Quand avez-vous réalisé que vous étiez différente des autres enfants ?

Toute ma jeunesse, je voyais des fantômes côtoyer les humains. Parfois, il m'arrivait de dire à ma mère des choses du genre : « Mme Archambault se promène encore avec son chien. » Et ma mère me répondait : « Ben non ! Elle est morte, Mme Archambault ! » À un moment donné, j'ai réalisé que les êtres que je voyais déambuler avec un regard absent, triste, et qui ne semblaient pas sentir notre présence à côté d'eux, étaient en fait des personnes décédées ayant besoin d'aide pour trouver leur lumière.

Vous avez vécu deux expériences au seuil de la

me souviens que je lui criais d'en haut que tout allait bien, mais je ne comprenais pas pourquoi j'étais accrochée au plafond ! En revenant à moi, j'ai demandé à mon père où se trouvait Dieu, puisque j'arrivais du paradis...

Et la deuxième ?

À l'âge de 29 ans, j'ai contracté une forme très virulente de méningite qui m'a plongée dans le coma durant une semaine. De l'autre côté, j'ai revécu les moments les plus marquants de toutes mes vies, à partir de l'âge de pierre jusqu'à aujourd'hui. C'était aussi réel que ce que je vis aujourd'hui avec toi, mais je me trouvais dans la position d'un témoin qui observe ce qui se passe. Entre mes vies, je me sentais aspirée par une lumière puissante qui me transportait dans une autre existence.

Quels souvenirs en gardez-vous ?

Ç'a été une initiation marquante et un éveil de ma « kundalini », mon énergie de vie. J'ai revécu une expérience où j'avais été brûlée vive, une autre où l'on me sommait de prouver que j'étais vraiment voyante pour choisir la façon dont j'allais mourir… Bref, des moments marquants qui m'ont libérée et fait prendre conscience qu'on fait tous un avec le grand Tout. En revenant de cette mort clinique, je disais aux gens qui m'appelaient : « Vous n'avez pas besoin de me dire quoi que soit, je vous porte en moi ! »

Est-ce cette dernière expérience qui vous a poussée à mettre vos dons au service des autres ?

Oui ! C'est vraiment après cette EMI que j'ai voulu enseigner aux autres qu'on n'a pas à vivre la comparaison et la compétition entre êtres humains, qu'on est tous reliés.

Comment avez-vous reçu les enseignements que vous transmettez dans vos ateliers ?

La plus grande partie m'a été transmise pendant mes sorties hors de mon corps, la nuit. Je peux sortir de mon corps quand je veux, mais c'est la nuit que je reçois le plus d'informations de la part de mes guides. Le reste des enseignements, je suis allée le chercher auprès d'un maître qui vivait en Europe dans les années 1980, Omraam Mikhaël Aïvannhov. C'est ma grand-mère décédée qui m'est apparue pour me guider vers cet homme. Quand je l'ai rencontré, il m'a expliqué pourquoi l'énergie solaire m'attirait autant, ce qui expliquait l'événement survenu quand j'avais deux ans.

Qu'offrez-vous aux gens dans vos ateliers et vos consultations privées ?

En atelier, j'emmène les gens dans la nature pour les aider à se rappeler leur véritable nature divine et pour leur redonner leur pouvoir en les libérant de leurs peurs, notamment de celle de la mort. En privé, je fais des routes de vie à partir de la lecture de l'aura. Quand j'ai une personne devant moi, non seulement je vois les couleurs de son aura, mais je vois aussi des portions de ses vies antérieures, ce qui lui permet de faire des liens avec celles-ci et de comprendre son mandat d'incarnation. ■

reneesevigny@videotron.ca

Murielle Larouche, médium

J'AI VU DES ANGES QUI M'ATTENDAIENT

Murielle Larouche a toujours su qu'elle était médium. Après avoir vécu une expérience de mort imminente en 2000, elle a reçu d'autres « cadeaux », dont le don de pouvoir communiquer avec des personnes décédées. Détour de l'ordinaire vers l'extraordinaire !

Secrétaire à la Ville de Montréal, emploi qu'elle a occupé pendant 25 ans, Murielle Larouche a pris sa retraite en décembre 2006, et elle peut enfin se consacrer à son métier de médium. Au programme : ateliers spirituels, séances individuelles de tarot, lectures psychiques et contact avec des personnes décédées…

Murielle, commencez par nous parler de votre EMI, en 2000.

Ça s'est passé le 24 juin, après que je suis entrée d'urgence à l'hôpital pour une pierre au rein. Il y a eu des complications pendant qu'on me posait un drain. Je me souviens que j'étais couchée sur le ventre dans la salle d'opération et que l'infir-mière me disait : « Madame, madame, restez avec nous ! » Elle voyait sur ses moniteurs que j'étais en train de « partir ».

Et que se passait-il pour vous pendant ce temps ?

Tout se passait de façon télé-pathique. La douleur était tel-lement vive que j'étais prête à abandonner. À un moment donné, j'ai vu des anges qui m'attendaient. Ils se tenaient à ma droite et je pouvais communiquer avec eux, sans parler. Je me suis dit ensuite que mes enfants et mon chum pouvaient bien s'en sortir sans moi... C'est là que ces Entités de Lumière m'ont dit que mon père, lui, ne pourrait survivre à la mort d'un autre de ses enfants.

Vous aviez perdu un frère ou une sœur?

Un frère… J'ai donc décidé de revenir dans mon corps. Ça s'est produit très rapidement. Puis, le premier soir après mon retour à la maison, j'ai été mise à rude épreuve…

De quelle façon?

J'ai appelé ça mon « combat pour la vie ». Toute la nuit, j'ai dû « prouver » que je voulais vraiment vivre. Des ombres venaient me visiter. Elles me

déplacer un objet afin de démontrer mon désir de vivre. Au matin, j'ai su que j'avais gagné, et le reste de ma convalescence s'est déroulé normalement.

Qu'est-ce que cette expérience vous a permis de réaliser?

La première chose que ça change, c'est que tu prends conscience que mourir, c'est très facile. Je ne comprends pas pourquoi on a si peur de mourir! Avant, je n'avais pas peur

« L'infirmière me disait: Madame, restez avec nous. »

« testaient » et me faisaient comprendre que rien n'était gagné. Je savais, selon le ressenti télépathique que j'avais vécu pendant mon EMI, que j'étais revenue pour soutenir les personnes qui avaient besoin de moi. On ne revient jamais pour soi: on revient pour les autres ou pour l'humanité, à qui on peut apporter quelque chose.

Comment avez-vous tenu le coup jusqu'au matin?

J'ai pensé réveiller mon chum, mais je me suis dit que c'était mon combat et pas celui des autres. J'avais le sentiment que je devais ramasser toutes mes énergies et faire des gestes qui prouveraient que je voulais vraiment vivre. Par exemple, j'ai mis 20 minutes pour me lever, me rendre à ma commode et

non plus, parce qu'il y a long-temps que je suis sur le chemin de la conscience. Mais aujourd'hui, j'ai la certitude que mourir est aussi facile que de se laisser « glisser » sur un tobog-gan, à la seule différence qu'on entre dans une autre dimension. Au fond, il est beaucoup plus difficile de naître que de mourir!

Est-ce que votre EMI a transformé votre médiumnité?

Oui! Mon intuition a littéralement explosé! Par la suite, j'ai reçu le message que j'étais capable de faire des lectures psychiques, c'est-à-dire que je peux lire dans l'esprit des gens et leur transmettre des messages des Êtres de Lumière qui les accompagnent. Avant, je faisais déjà l'analyse des rêves, et en même temps, j'ai étudié l'œuvre du psychanalyste Carl Gustav Jung pendant 10 ans, en marge de mon travail à la Ville. J'utilisais aussi le tarot, le Reiki et d'autres techniques, mais ce n'était pas clair comme aujourd'hui.

Comment fonctionnez-vous pour ces lectures psychiques ?

Ça se passe de plexus à plexus, ce qui veut dire que j'ouvre mon chakra du plexus solaire et que je peux capter des informations de la personne qui se trouve devant moi, par télépathie ou par ressenti. Il y a des images, des symboles qui surgissent ou des mots qui s'inscrivent dans ma tête pour exprimer une réalité. Ce genre de consultation se fait toujours dans le but d'accompagner une personne sur sa voie à elle.

Vous avez aussi eu des contacts avec des personnes décédées. Comment ?

Quelques mois après mon expérience de mort imminente, j'ai reçu un autre message. On me disait que je pouvais maintenant servir de médium pour les personnes décédées. J'étais très étonnée, mais pour mettre à l'épreuve mes facultés et confirmer que je pouvais vraiment offrir ce genre de communication, j'ai proposé à une amie de contacter sa sœur décédée. C'était tellement beau que ça m'a permis de continuer à le faire, sans douter

de moi. Il faut dire que je sais que je suis médium depuis l'enfance.

Quels souvenirs en avez-vous ?

Je me rappelle entre autres que je pouvais entendre dans ma tête le nom de quelqu'un que je ne connaissais pas, par exemple, « Joseph Arthur Tremblay ». Dans les jours qui suivaient, j'entendais mes parents discuter qu'un Joseph Arthur Tremblay était mort ! Puisque je pensais que tout le monde était comme moi, je ne me posais pas de questions à cette époque. Aussi, je me détachais de mon corps avant même de tomber endormie, le soir. Si j'aime tant analyser les rêves, c'est parce que je sais à quel point c'est un outil puissant pour nous connaître et savoir ce que notre conscience fait, la nuit, pendant qu'elle voyage hors du corps. ∎

mauverose@distributel.net

Marjolaine Charbonneau

MOURIR TROIS FOIS ET EN REVENIR

Après avoir vu la mort de près 3 fois en 10 jours, Marjolaine Charbonneau s'est donné le mandat de raconter son expérience, pour que tout le monde sache que la mort n'existe pas. *Zoom in* à l'intérieur même du passage obligé.

Marjolaine Charbonneau, conférencière et auteure, a vécu une initiation hors du commun en 1992. En l'espace de quelques jours, elle a subi trois arrêts cardiaques, dont le dernier l'a menée tout droit dans le frigidaire réservé aux cadavres à l'hôpital de Trois-Rivières. Elle y est restée pendant trois longues heures, avant de revenir à la vie !

Marjolaine, que s'est-il passé lors de votre première EMI ?
Ma première expérience au seuil de la mort s'est produite dans la nuit du 14 août 1992. Au beau milieu de la nuit, je me suis retrouvée devant ma sœur, qui était décédée 15 jours auparavant. J'étais si surprise de la voir que je lui ai dit : « Diane, comment se fait-il que tu n'es pas rendue dans la Lumière ? »

Avez-vous eu une réponse ?
Oui. Elle m'a répondu qu'elle ne pouvait pas partir, qu'elle m'attendait. J'étais encore plus confuse. Je lui ai dit qu'elle n'avait pas à m'attendre, qu'elle était morte, pas moi. Et en disant ça, j'ai compris que je venais de traverser de l'autre côté. J'ai aussitôt réalisé que nous nous trouvions dans un autre état de conscience et que je pouvais communiquer avec elle, même si sa bouche ne bougeait pas.

C'était un contact télépathique ?
Oui, mais très réel. Je me suis alors entendue lui dire que je

n'étais pas prête à mourir. Elle m'a répondu que c'était pourtant prévu comme ça. En plus, je savais qu'elle disait vrai. J'avais accès au souvenir de cet engagement que j'avais pris de partir peu de temps après elle. Mais on ne pouvait pas faire ça à notre mère. De plus, j'ai pensé à mon mari. Cette seule pensée m'a aspirée dans mon corps. Je suis revenue par amour!

commencé à me sentir partir. C'était comme une vague d'énergie qui partait de la base de ma colonne vertébrale et qui montait jusqu'à ma tête. Mais je n'étais toujours pas prête à mourir, alors j'ai demandé de l'aide à nouveau.

De quelle façon cette aide s'est-elle manifestée?
Cette fois, elle est venue d'un

« J'ai passé 3 heures dans le frigidaire réservé aux morts ! »

Comment vous sentiez-vous au retour?
C'était difficile de quitter ma sœur, parce qu'on ressent un grand bien-être dans cet autre espace de conscience. J'ai demandé de l'aide à la Lumière, pour prendre la bonne décision, et je me suis réveillée à côté de mon mari, complètement vidée. J'étais si fatiguée que j'avais la conviction que j'allais repartir. Malgré ça, je ne voulais pas aller à l'hôpital.

Comment s'est passée votre deuxième expérience au seuil de la mort?
Trois jours plus tard, je me suis rendue chez mon frère, même si j'étais encore épuisée. Au milieu de la nuit, je me suis levée pour aller à la salle de bain, mais je me suis effondrée. Mon mari et mon frère m'ont transportée dans mon lit, et là, j'ai

ami. J'avais demandé à mon mari de lui téléphoner, mais il n'arrivait pas à le joindre. Quand j'ai commencé à me sentir mourir une deuxième fois, le téléphone a sonné, comme par miracle. C'était lui! Il m'a seulement dit au bout du fil : « Marjolaine, reste avec nous! » Par la suite, il a dit à mon frère de mettre son pouce au centre de mon front, et je suis tombée endormie tout de suite. Au réveil, j'avais l'impression d'avoir dormi trois jours, mais ça ne faisait que 15 minutes! Et j'étais complètement régénérée!

Vous avez pourtant vécu une troisième EMI quelques jours plus tard, non?
Oui. J'étais partie me reposer à la campagne, chez mon oncle. Soudainement, je suis retombée dans le même état de grand

épuisement. Le temps que l'ambulance arrive, j'étais complètement sortie de mon corps. J'ai même vu les ambulanciers me déposer dans la boîte arrière et partir en trombe. Ma conscience, elle, était « assise » à l'avant de la voiture. De là, je leur demandais de baisser la musique, parce que ça me faisait mal, mais ils ne m'entendaient pas ! À l'hôpital, les médecins ont constaté mon décès.

Combien de temps avez-vous été considérée comme morte ?

J'ai passé trois heures dans le frigidaire médical réservé aux morts ! C'est le temps que mon mari a mis pour trouver où les ambulanciers m'avaient emmenée. Puisque j'avais été déclarée morte, on ne m'avait pas inscrite au registre. Donc, il avait beau demander à me voir en donnant mon nom, la réceptionniste ne me trouvait pas. Finalement, quand ils ont réalisé que j'étais dans le frigo, le médecin a demandé aux préposés de préparer mon corps pour la famille.

Comment avez-vous réintégré votre corps ?

Quand les deux hommes m'ont sortie de là, je pouvais les voir d'en haut. Il y en avait un roux et un noir ! Puisque j'étais restée en position semi-assise pendant tout ce temps sur la civière, ils devaient me déplier, mais mon corps était raide, et ma tête, penchée sur le côté. Pour me ramener la tête droite, un des gars a dû me frapper à la gorge. Quand j'ai vu sa main partir, j'ai entendu une voix qui me disait : « Rentre, maintenant ! Après, il sera trop tard. » J'ai argumenté, parce que je ne savais pas comment faire, et paf ! Je suis revenue dans mon corps au moment même où le préposé a donné le coup !

Quels souvenirs avez-vous de cette mort clinique ?

On m'a montré toutes les scènes marquantes de mes vies antérieures. Je ne pouvais pas le voir, mais un être me parlait et commentait mes vies. J'ai entre autres compris pourquoi j'étais si attirée par l'Égypte, le Pérou et d'autres pays que j'ai visités étant plus jeune. J'y avais déjà vécu ! Je pouvais aussi faire des liens entre les souvenirs de mes vies passées et les événements de ma vie actuelle. On m'a également transmis beaucoup d'enseignements, on m'a fait visiter une planète de cristal d'une beauté inouïe… Bref, j'ai vécu l'extase. Et je sais que la mort n'existe pas !

Marolaine Charbonneau a publié à compte d'auteure le livre Mémoires d'une femme… qui a enfin compris ! ■

marjolainecharbonneau@hotmail.com

Richard Cummings

Comprendre son expérience de mort imminente

L'ex-animateur à la radio de Radio-Canada Richard Cummings croit que l'expérience de mort imminente qu'il a connue à l'âge de 12 ans l'a préparé à accompagner son fils Michael jusqu'à la fin, dans la « compassion universelle ». Cœur à cœur avec un homme transformé.

Richard Cummings, qui a été animateur pendant 14 ans, dont quelques années à l'émission *Question de sens*, a un parcours singulier. Toute sa quête personnelle et professionnelle a été façonnée par des expériences d'ouverture de conscience qui remontent aussi loin que sa tendre enfance ainsi qu'à une EMI vécue à la préadolescence. Depuis, il a développé un sixième sens inouï pour capter les états d'âme des gens qu'il rencontre.

Richard, racontez-nous ce qui s'est produit à l'été de vos 12 ans.
En 1970, j'étais dans une colonie de vacances où, chaque année, le décor changeait selon le thème choisi. Cette année-là, c'était les cow-boys et les

Indiens. Un midi où je devais faire la vaisselle, je me suis sauvé pour jouer avec une corde suspendue avec un nœud coulant. En voulant me hisser à sa hauteur, j'ai mis le pied sur une chaise qui a cédé sous mon poids après que je me la suis passée au cou.

Quel souvenir avez-vous de ce moment précis?
Je me souviens d'avoir agrippé la corde pour ne pas me briser les vertèbres cervicales. Puis, j'ai commencé à me balancer au bout de la corde. J'ai senti une congestion sanguine très vive au visage. Je voulais crier, mais aucun son ne sortait de ma bouche. Quand j'ai vu, au loin, quelqu'un passer sans même se retourner, j'ai compris que

personne ne m'entendrait et que j'allais mourir. À ce moment-là, j'ai réalisé que ma conscience, qui n'avait rien à voir avec celle d'un enfant de 12 ans, regardait, en retrait, le petit Richard Cummings mourir.

Que voulez-vous dire précisément ?

J'ai senti ma conscience, c'est-à-dire qui je suis réellement, sortir de moi par le dessus de ma tête et se loger en retrait,

sion de me retrouver dans une bande de fréquences élargie, avec une conscience beaucoup plus grande que la normale.

En avez-vous gardé des séquelles physiques ou psychologiques ?

Pendant des années, j'ai eu de fortes réactions quand je voyais un pendu à la télé. Mon cinéma mental se mettait de la partie et je revivais automatiquement la scène. Mais quand je rentre

« Ma conscience me regardait mourir. »

derrière mon corps. Il n'y avait ni peur ni douleur, et cette conscience m'observait avec une sorte d'indifférence bienveillante.

Avez-vous vu le tunnel et des Êtres de Lumière pendant votre EMI ?

Non. Mon expérience ne correspond pas aux descriptions classiques de sons et de lumières que d'autres ont faites. J'avais plutôt l'impres-

dans les sensations de l'expérience, je constate que je n'ai aucun traumatisme. C'est très simple, mourir !

Qu'est-ce que cette expérience a changé dans votre vie ?

En 1978, j'ai suivi un cours de contrôle mental selon la méthode Silva. On y expérimentait des états modifiés de conscience. Grâce à mon EMI, j'ai réalisé que j'avais une facilité à atteindre ces états, notamment pour les exercices dits de voyance ou de vision à distance. C'est toutefois 20 ans plus tard que j'ai réellement compris à quoi avait servi mon EMI.

Son fils Michael

156

Comment?

J'ai eu un enfant handicapé, Michael, qui est décédé dans mes bras à l'âge de presque 12 ans. Voir quelqu'un mourir, ce n'est pas toujours beau... Mais quand tu l'as vécu de l'intérieur, il n'y a plus rien de traumatisant. Mon fils était atteint d'une maladie dégénérative, et je l'avais accompagné plusieurs fois au seuil de la mort avant qu'il parte définitivement. J'ai su à son dernier moment que mon EMI m'avait été donné pour que je comprenne que, même si ce que je voyais n'était pas beau, ce que je ressentais pouvait être extraordinaire. C'était pour que le père accompagne au mieux son fils, en somme.

De quelle façon?

À son décès, Michael se trouvait dans la salle de trauma de l'urgence. Les médecins tentaient de le réanimer quand je suis entré dans la salle. Je me suis collé à son oreille droite pour lui dire que j'étais avec lui. En le regardant sur tous les plans plus subtils de son être, j'ai vu qu'il était déjà parti. Le spécialiste des soins intensifs et l'anesthésiste étaient paniqués, et l'infirmière qui le connaissait depuis longtemps pleurait. Je leur ai dit que Michael n'était plus là.

Quelle réaction avez-vous eue?

Sur le coup, j'ai senti une compassion universelle. Je pouvais aussi ressentir les états d'âme de tous ceux qui étaient dans la pièce. Dans l'énergie, je pouvais même leur envoyer un mot réconfortant. J'étais dans le même état que pendant mon EMI, soit dans cette zone de superconscience bienveillante, où il n'y a pas de traumatisme. Cet enfant m'a ouvert le cœur.

Est-ce que ces états continuent de vous aider dans votre vie de tous les jours?

Oui, ils m'ont toujours aidé. Quand je faisais de la radio, par exemple, je posais souvent des questions inspirées des états que je sentais chez mon invité. Ça provoquait d'ailleurs certaines révélations de la part de gens qui se demandaient comment je faisais! Il est clair pour moi, aujourd'hui, qu'il y a plusieurs dimensions à l'être humain et que j'y ai accès par d'autres voies de communication que celles auxquelles nous sommes habitués.

Richard Cummings, qui est devenu un « sensitif » à la suite de son EMI, offre des ateliers et des consultations privées en transcommunication. ∎

rcummings@videotron.ca

Louise Francœur

« La Lumière m'a dit de revenir »

L'ex-comédienne Louise Francœur a toujours eu tendance à s'évanouir facilement. En perdant ainsi connaissance, elle a vu la Lumière au moins quatre fois, et à chaque expérience, on lui a dit qu'elle devait revenir. Sortie publique d'une habituée des sorties du corps.

Quand Louise Francœur a lu dans le journal en 2006 que l'équipe du Dr Beauregard, chercheur en neurosciences à l'Université de Montréal, cherchait des gens qui avaient vécu des expériences de mort imminente, elle s'est tout de suite portée volontaire pour participer à l'étude. Elle ne savait pas s'il s'agissait d'EMI dans son cas, mais elle a tout de même été retenue par les chercheurs. En effet, elle a beaucoup de facilité à recréer en elle l'état de grâce que procurent ces expériences au seuil de la mort.

Louise, à quel âge avez-vous vécu votre première EMI ?
C'était à l'adolescence. Je me rappelle avoir perdu connaissance à la suite de douleurs menstruelles trop intenses. Instantanément, je suis sortie de mon corps et je me suis vue en train de voler dans un espace sans fin qui ressemblait au cosmos. Quand je suis revenue à moi, j'ai expliqué à ma mère, qui était affolée de me trouver dans cet état, que j'avais pourtant vécu quelque chose d'extraordinaire !

Vous n'avez pas eu peur de ne pas revenir ?
Pas du tout ! J'étais très calme, puisque les sensations que j'avais éprouvées, notamment celle de voler, étaient très agréables. La deuxième fois que j'ai perdu conscience, c'était au début de la vingtaine. Je ne me souviens même pas de ce qui avait provoqué cet état, mais ce

qui est encore frais à ma mémoire, c'est l'appréhension que j'ai eue avant de quitter mon corps.

Pourquoi ?

Parce que je savais que la sortie du corps est douloureuse. C'est très court, mais au moment où je quitte mon corps, je ressens une grande douleur dans tout mon être. Pourtant, dès que c'est fait, je ne ressens plus le mal. Au contraire, je me

Qu'y avait-il derrière cette porte ?

Je savais qu'un Être baignait dans cette lumière de l'autre côté, sans toutefois arriver à le voir.

Avez-vous franchi le seuil de la porte ?

Non. Je savais que si je franchissais cette porte, je ne voudrais plus revenir dans mon corps. C'était un combat contre moi-même, parce que j'avais envie

« Je me suis vue en train de voler. »

retrouve soudainement dans cet espace noir où je vole sans aucune peur. Cette fois-là, par contre, dès que j'ai réalisé que je n'étais plus dans mon corps, j'ai senti que j'étais appelée à me rendre quelque part, sans trop savoir où.

Et où avez-vous abouti ?

Tout s'est passé en un instant, mais plus je m'approchais de l'endroit où je me dirigeais, plus j'avais hâte d'arriver. Je ressentais une immense joie, toujours sans savoir où j'allais ! Tout à coup, je me suis aperçue que j'étais dans un tunnel et que j'y avançais sans crainte, car je me sentais guidée. Au bout d'un moment, j'ai vu une lumière qui m'attirait et je me suis retrouvée devant une porte lumineuse.

de traverser de l'autre côté. L'Amour inconditionnel qu'on ressent dans cet espace est indescriptible, et on ne veut plus s'en séparer. C'est comme goûter à un nectar et devoir s'arrêter de boire. L'Être me disait, en même temps, qu'on voulait seulement me montrer cette autre réalité pour que j'y croie. Sauf que je devais revenir, car ma mission n'était pas terminée.

Qu'est-ce que cette nouvelle expérience a changé pour vous ?

Moi qui étais agnostique, ça m'a apporté la conviction, au plus profond de mon être, qu'il y a autre chose que seulement l'univers terrestre. C'est indéniable. Ces expériences ont complètement modifié mon parcours de vie.

Racontez-nous les autres EMI que vous avez vécues.

Après avoir eu mes enfants, un matin du jour de l'An, je suis encore tombée sans connaissance. C'était la panique pour mes proches, mais moi, je ne voulais plus revenir. Cette fois-là, j'ai franchi la porte et j'ai goûté encore un peu plus à cet espace d'Amour et de Lumière où plus rien ne compte. C'est vraiment une sensation d'être « connectée » à la Source, de faire Un avec le Tout. Un sentiment d'union indescriptible. On m'a dit de retourner de nouveau dans mon corps, parce que mes enfants avaient encore besoin de moi. Et j'en ai fait une autre, 10 ans plus tard…

Dans quelles circonstances?

J'étais en vacances, sans aucun stress, et pourtant, sans crier gare, je suis tombée sur le plancher de la salle de bain. Cette fois-là, j'ai franchi à nouveau le seuil de la porte de Lumière et, encore une fois, je ne voulais plus revenir. Je leur ai alors donné un ultimatum. Si je devais revivre une autre expérience au seuil de la mort, je ne retournerais pas dans mon corps. Je n'ai plus perdu connaissance depuis! Au cours des 10 dernières années, j'ai beaucoup développé ma médiumnité et mes facultés de « connexion » avec cet espace et cet état de grâce incomparable.

Vous avez participé à l'étude du Dr Beauregard sur les EMI. Comment ça s'est passé?

Les chercheurs ont mesuré mes ondes cérébrales pendant que je me plaçais volontairement dans cet état de plénitude. Ils ont refait l'expérience trois fois, tellement les résultats leur semblaient impossibles à atteindre! Je ne sais pas encore exactement ce que ça veut dire, mais j'ai notamment très bien vu les rayons de l'appareil de résonance magnétique me traverser le cerveau par tranches, ce que les autres patients ne voient pas. Ça fait partie de mes nouvelles facultés!

Quel métier pratiquez-vous aujourd'hui, Louise?

Je suis thérapeute: j'aide les gens à se libérer du poids de la lignée familiale par une technique appelée la constellation familiale, que j'ai étudiée aux États-Unis et en Europe. On a tous hérité d'un bagage non seulement génétique, mais aussi comportemental et psychique provenant de notre famille. Il est possible de s'affranchir de ces charges qui freinent notre évolution. ■

www.allegez-vous.com

Germain Beauchamp

ANALYSER LES RÊVES POUR SONDER L'AU-DELÀ

Ancien prof de philosophie au collège, Germain Beauchamp a complètement changé de voie quand il a découvert le pouvoir des rêves. Ceux-ci répondaient aux questions existentielles qu'il se posait depuis qu'il avait vécu une expérience de mort imminente dans la vingtaine. Aveux d'un homme resté discret toute sa vie sur sa EMI.

Cofondateur, avec Guy Corneau, du cercle de Carl Gustav Jung, Germain Beauchamp a aussi été, tour à tour, acteur, metteur en scène, prof de philo, psychanalyste, thérapeute et conférencier. Quand il s'est mis à interpréter ses rêves selon la théorie du célèbre psychiatre suisse, il a compris une partie de son expérience de mort imminente, vécue dans sa jeunesse.

Monsieur Beauchamp, dans quelles circonstances avez-vous vécu votre EMI?

J'avais 21 ans, ma blonde venait de me quitter, et j'étais en rébellion à la fois contre mon père et contre le système, notamment parce que je travaillais avec des gens aux prises avec des pro-blèmes de santé mentale, qui étaient exploités par le directeur de l'établissement. Bref, toutes ces circonstances m'avaient entraîné dans un état de profond désespoir. Au jour de l'An, j'ai pris deux flacons pleins de Valium, me disant que je voulais aller voir Dieu pour qu'il m'explique l'injustice dans le monde!

Quel souvenir avez-vous de la suite des choses?

Tout à coup, je me suis retrouvé debout dans ma chambre, mais je voyais que j'étais en chemise. Pourtant, je m'étais couché sur mon lit avec un manteau, parce qu'il faisait très froid dans mon appartement. Je me suis retourné, et c'est là que je me suis vu tout habillé, allongé sur le lit. Du coup, je suis revenu dans

mon corps, et je me souviens de m'être dit : « Ah non ! Il va falloir que j'aille sauter du pont Jacques-Cartier ! »

Pouviez-vous vous lever ?
Non. Je suis aussitôt ressorti de mon corps, que je pouvais voir cette fois en dessous de moi. J'ai tout de suite pensé que j'étais mort, et j'ai été aspiré dans un couloir de lumière. Je me souviendrai toujours de la musique que j'entendais, semblable au bruit que font ces mobiles qui flottent au gré du vent et qui

Non. Celui de Cassiopée m'est resté… Mais le plus important de tout ça, c'est que je me suis rendu compte que j'avais encore un corps. En y regardant de plus près, j'ai remarqué qu'il était lumineux, composé d'électrons translucides, et que je pouvais voir les étoiles à travers ma main ! J'avais l'impression de nager dans l'espace tellement tout était fluide ! L'extase que j'ai vécue à ce moment-là est indescriptible. Puis, je me suis rappelé que je venais là pour parler à Dieu…

« Je voulais voir Dieu pour qu'il m'explique l'injustice dans le monde ! »

sonnent comme des clochettes. Rendu de l'autre côté, alors que je ne m'y attendais pas du tout, j'ai ressenti une joie si grande que je ne peux l'exprimer.

Comment décrire l'endroit où vous vous trouviez ?
Ce n'était pas un lieu, mais j'avais le net sentiment de me trouver dans l'Univers, au milieu des étoiles. Dans cet espace, on sait tout. Alors, au loin, je voyais une nébuleuse, et je savais hors de tout doute que c'était la galaxie d'Andromède. Devant, il y avait une constellation qui m'attirait beaucoup et qui s'appelle Cassiopée.

Connaissiez-vous ces noms avant ?

Lui avez-vous parlé ?
En ayant cette pensée, j'ai vu à ma gauche un œuf lumineux immense, d'une intensité et d'une brillance incroyable. Derrière, je pouvais voir une procession d'êtres avancer vers l'au-delà. L'un d'entre eux s'est retourné et m'a fait signe de le suivre. À ce moment-là, j'ai ressenti la chaleur de l'œuf lumineux, son amour bienveillant, et je me suis senti attiré avec une très grande force. Une fois près de lui, je lui ai demandé pourquoi il y avait tant d'injustices…

Avez-vous eu une réponse ?
Oui, mais avant, j'ai compris qu'il était amusé par ma question. J'ai ensuite senti que

je n'avais pas à tout savoir. J'ai entendu une voix très forte me dire : « Il faut perpétuer la race humaine. » J'ai compris du coup que l'espèce humaine est immortelle, qu'elle va durer pour l'éternité. Pour l'instant, c'est son choix d'évoluer sur Terre, mais un jour, elle va aller dans les étoiles. Enfin, je suis revenu dans mon corps, en sursautant dans mon lit.

Comment vous sentiez-vous ?

Je suis sorti dehors en courant pour regarder les étoiles. J'ai tourné sur moi-même à la recherche de Cassiopée et, tout à coup, je me suis arrêté en pointant le ciel et j'ai crié : « C'est là ! » C'était le 2 janvier, 48 heures après avoir pris mes médicaments.

En avez-vous parlé à vos amis ou à votre famille ?

Quand mes colocataires sont revenus, je ne leur ai rien dit. En fait, je n'en ai parlé à personne pendant au moins cinq ans. Je savais qu'on me prendrait pour un fou si je racontais que j'avais voyagé dans l'espace dans un corps de lumière et que j'avais parlé à Dieu !

Quelle image gardez-vous de Dieu ?

Pour moi, la meilleure incarnation de Dieu, c'est le Soleil. Chaque matin, quand je me lève, je salue le Soleil. Après cette expérience de mort immi-nente, j'ai cherché une voie pour trouver des réponses à mes questions. C'est à ce moment que je me suis intéressé aux rêves, à l'alchimie et au *Yi King*, un livre de divination chinoise très ancien. Je cherchais une façon de vivre ma spiritualité en dehors de la religion catholique.

Que faites-vous aujourd'hui ?

J'offre notamment des consul-tations privées de tarot et de Yi King. Je donne aussi des ateliers d'interprétation des rêves depuis longtemps, car, en étu-diant Carl Gustav Jung, je me suis mis à noter mes rêves et à les analyser en fonction de sa philosophie. Les rêves sont le miroir de notre état intérieur et de notre totalité. Dans la pé-riode du sommeil paradoxal, on peut sortir de son corps et atteindre des univers paral-lèles. C'est d'ailleurs en inter-prétant mes rêves que j'ai le mieux compris mon expéri-ence de mort imminente. ■

www.evenementsvoxpopuli.com

Gilles Bédard

« Ma rencontre avec 12 Êtres de Lumière »

Depuis qu'il a vécu une expérience de mort imminente, en 1973, Gilles Bédard n'a plus jamais été le même. Au point où il consacre maintenant sa vie à faire connaître ce phénomène et à aider ceux qui, comme lui, sont passés par là. Rencontre avec un survivant déterminé.

La plupart de ceux qui s'intéressent aux EMI connaissent Gilles Bédard, puisque depuis 10 ans, il donne des conférences un peu partout, ici et en Europe. Cela lui permet de partager son expérience et, surtout, d'apporter des outils à ceux qui, comme lui, éprouvent de la difficulté à réintégrer à la fois leur corps et la vie dite « normale ».

Gilles, peux-tu nous raconter ce qui est à l'origine de ton expérience ?

À l'âge de 19 ans, j'ai contracté un virus qui m'a rendu très malade. On a même dû m'hospitaliser pour des nodules à une jambe et une forte fièvre. J'étais aussi affligé d'une diarrhée violente, ce qui a fait chuter mon poids de 120 à 64 livres, en l'espace de quelques semaines. Puis, je suis tombé dans un coma qui a duré plusieurs semaines, un coma dont je sortais périodiquement pour mieux y replonger.

Est-ce que les médecins ont posé un diagnostic ?

Ils ont fini par dire que j'étais atteint d'une colite ulcéreuse Et puisque j'étais trop affaibli pour être opéré, ils ont essayé de me gaver pour que je prenne du poids. J'ai donc commencé à engraisser, mais je n'allais toujours pas mieux. Un matin, je me suis réveillé très faible. Je perdais connaissance à répétition. Quand le médecin est venu m'ausculter, j'ai vu la lumière du plafond, et ç'a instantanément provoqué une sortie de corps.

Où t'es-tu retrouvé ?

Au plafond ! J'étais dans le coin de la pièce, à regarder mon corps d'en haut et les membres de ma famille qui m'entouraient. J'avais l'impression d'être gros comme un grain de sable et, en même temps, d'avoir une puissance infinie. Ce qui est étrange aussi, c'est que je n'avais pas de sentiment de tristesse ou de panique. Puis, je me suis détourné de cette scène et je me suis retrouvé dans une espèce de grande salle

Ça ressemblait à un souffle, le souffle de l'Univers. Puis, j'ai entendu : « *Be the sound.* »

Ce qui veut dire ?

Je l'ai compris en le vivant. Je me suis retrouvé dans un espace de non-dualité, comme l'expliquent les bouddhistes, c'est-à-dire dans le sentiment d'être uni, de ne faire qu'un avec l'Univers. C'est aussi un espace où je savais tout et où je reconnaissais l'avoir toujours su, sauf que je l'avais oublié.

« Selon eux, je ne mourais pas… »

où 12 Êtres de Lumière m'attendaient.

Avais-tu l'impression de les connaître ?

Non. Ce n'était pas des gens de ma famille. Ce n'était pas les apôtres non plus, mais je savais qu'ils étaient 12. Je me demandais ce que je faisais là, jusqu'à ce qu'ils me fassent comprendre, par télépathie, que je ne mourais pas, que j'avais encore quelque chose à faire sur la Terre.

Et de quoi s'agissait-il ?

En fait, j'avais l'impression de le savoir, comme si je l'avais sur le bout de la langue, mais quand je leur ai demandé de me le dire, on m'a répondu que je le saurais en temps et lieu. Puis, il y a eu un silence, suivi d'un son très particulier, serein et harmonieux, d'une extrême puissance.

Comment s'est passé le retour dans ton corps ?

J'avais l'impression d'être revenu dans des jeans trois fois trop petits pour moi ! C'est comme partir d'un sentiment de pure liberté, dans un espace infini, pour retourner dans un lieu fermé, confiné dans un corps.

Combien de temps as-tu mis à t'en remettre ?

Je suis sorti de l'hôpital trois semaines plus tard, après avoir réappris à marcher, mais j'ai mis au moins deux ans à m'en remettre totalement. Les médecins n'ont jamais su ce qui avait provoqué cette EMI.

Comment as-tu réussi à revivre « normalement » ?

À l'époque, je ne savais pas ce qu'était une EMI. Le célèbre livre de Raymond Moody, *La vie après la vie*, n'est paru ici qu'en 1977. Deux autres livres, un sur le pouvoir du subconscient, de Joseph Murphy, et le best-seller *La vie des maîtres*, m'ont beaucoup aidé.

Aujourd'hui, tu consacres ta vie à la recherche d'outils visant à éveiller ce sentiment de non-dualité. Pourquoi ?

Quelque temps après ma première EMI, j'ai revécu l'expérience en entendant une musique du groupe Tangerine Dream, et j'ai réalisé que le son de ce groupe se rapprochait étrangement de celui que j'avais entendu et avec lequel je m'étais «fusionné» pendant ma mort clinique. Plus tard, je suis tombé sur la musique de Steve Roach, qui, lui, reproduit exactement le son que j'ai entendu. Là, non seulement j'ai revécu mon EMI, mais j'ai aussi eu à nouveau un sentiment d'union avec le Tout. Après avoir travaillé des années comme producteur de musique, j'ai décidé de consacrer ma vie à développer des outils à partir de ces sonorités, pour permettre aux gens ayant vécu une EMI de mieux reconnecter avec la vie ici-bas.

Pourquoi est-il si difficile de «revenir» d'une telle expérience ?

Alors que plein de gens tentent des expériences pour sortir de leur corps, ma démarche se passe à l'inverse. La question que je pose, c'est comment intégrer cette expérience hors corps pour mieux vivre notre vie ici, au quotidien. La difficulté vient du fait qu'on a vécu la perfection et qu'après, on doit vivre avec les limites du corps humain. Il faut préciser que grâce au son, certaines personnes n'ayant jamais connu une EMI peuvent aussi atteindre cet état de grâce. Cette expérience est donc accessible à tous, qu'on ait côtoyé la mort ou pas. ■

www.korprod.com

Marc Bériault, guérisseur et chaman

REVIVRE APRÈS UNE MORT DE PLUSIEURS HEURES

Dans les années 1950, le guérisseur et chamane Marc Bériault a vécu une expérience de mort imminente peu banale. Arrière-petit-fils d'une longue lignée de guérisseuses, il a ensuite été choisi par son aïeule pour reprendre le flambeau de la guérison. Retour sur un parcours atypique.

Fils de diplomate en poste en Indochine (Cambodge actuel), au milieu du siècle dernier, Marc Bériault a été déclaré mort pendant plusieurs heures, alors qu'il n'avait que neuf ans. À l'âge adulte, malgré des études en administration et une courte carrière comme pilote de brousse, il a rapidement compris qu'il devait consacrer sa vie et ses dons à la guérison, ce qu'il fait depuis 1978.

Marc, racontez-nous votre souvenir de cette EMI.

J'avais contracté la forme mortelle de la dengue, une maladie tropicale qui cause d'horribles souffrances physiques en s'attaquant au système nerveux. Après que le médecin m'a déclaré mort, mes parents sont demeurés au moins une heure au chevet de mon corps, qui reposait sur le divan du salon. Ils ont ensuite prévenu les croquemorts, mais puisque c'était le soir, ils sont allés se coucher en attendant leur arrivée pour le lendemain. Au matin, quand les entrepreneurs en pompes funèbres se sont présentés à la maison, j'étais tranquillement assis sur le divan !

Comment vos parents ont-ils réagi ?

En me voyant, ma mère est tombée dans les pommes ! Quant à moi, j'étais complètement guéri et je ne ressentais plus aucune douleur !

Mais que s'est-il passé pendant que vous étiez « mort » ?

Au début, j'avais l'impression d'être dans l'espace. Si vous cherchez une analogie, c'était comme se retrouver dans le film *Star Treck*, sans les vaisseaux spatiaux! Je voyais des lumières qui pouvaient ressembler à des étoiles. Tout à coup, j'ai pris conscience qu'une de ces lumières brillait plus que les autres, et je me suis senti attiré vers elle, de façon magnétique. Je n'ai pas réfléchi pour savoir si je devais y aller ou non, ça se passait vraiment dans le ressenti.

dans cette vie. Il me disait aussi qu'il allait m'aider. J'avais l'impression qu'il lui fallait tout de même mon consentement. Quand j'ai décidé de revenir, l'ange m'a « pris par la main » de façon énergique, puis les choses se sont précipitées. J'ai retraversé la faille et je me suis mis à tomber en chute libre, dans une descente qui m'a ramené brutalement dans mon corps.

« Une sorte d'ange, que j'ai appelé "l'ange de ma mort", m'accompagnait. »

Que représentait cette lumière ?

Pour me rendre à la lumière, il fallait que je traverse une faille, comme un trou dans l'espace, qui m'amenait dans une autre dimension. En approchant de la source lumineuse, j'ai pu distinguer une forme d'arbre cosmique tout blanc dont les branches se terminaient par de petites flammes. Une sorte d'ange, que j'ai par la suite appelé « l'ange de ma mort », m'accompagnait.

Qu'est-ce qui vous a fait revenir dans votre corps ?

J'ai eu une conversation par la pensée avec cet arbre, et il m'a fait comprendre que je devais revenir dans mon corps, que j'avais quelque chose à faire

Quelle sensation avez-vous éprouvée en revenant à vous ?

J'ai eu l'impression de faire un grand saut, comme le fait une carpe qui sort de l'eau en se repliant sur elle-même, et de retomber sur le divan. La première heure où j'ai été conscient, je bougeais un à un tous mes membres, complètement stupéfait de ne plus avoir mal. Il faut savoir que ça faisait plus d'un mois que j'éprouvais des souffrances insoutenables. Au matin, quand ma mère est descendue, je ne savais pas qu'elle me croyait mort. Et je ne comprenais pas davantage pourquoi les croque-morts étaient à la porte !

Comment êtes-vous devenu guérisseur par la suite ?

Quand je suis revenu au Canada, mes parents ont décidé de m'envoyer passer mes étés chez ma grand-mère, où habitait aussi mon arrière-grand-mère, qui était la dernière d'une longue lignée de femmes guérisseuses dans notre famille. Puisqu'elle n'y trouvait pas de fille ni de petite-fille possédant «le don», c'est à moi qu'elle a entrepris de transmettre ses connaissances. Ainsi, durant trois étés, elle m'a amené dans la forêt, les nuits de pleine lune, par exemple, pour me montrer l'aura des plantes et m'enseigner à développer mes perceptions. Disons que c'était une activité plutôt marginale, et que je ne parlais pas de ça avec mes amis à l'école!

Pratiquez-vous le même genre de guérison ?

Ç'a pris une autre forme avec le temps, mais j'ai d'abord commencé par tirer le tarot et par faire de l'astrologie. Puis, j'ai fait d'autres choses ésotériques, parce que ma grand-mère m'avait mis en garde de ne pas me « proclamer » guérisseur avant l'âge de 50 ans!

Pourquoi donc ?

Parce qu'elle prétendait que si on se disait guérisseur, on risquait de « succomber » à un trip d'ego! J'ai donc attendu jusqu'en 1993 pour me dire guérisseur et commencer à offrir des ateliers de transmutation de soi, que j'appelle « La voie de l'Arbre », un enseignement moderne à base d'alchimie et de chamanisme.

Que faites-vous aujourd'hui ?

Je donne entre autres des consultations en soins énergétiques, j'enseigne et j'organise des cercles de guérison au centre IMO Montréal, que j'ai fondé avec des collègues thérapeutes. La maladie commence dans les corps subtils qui entourent le corps physique, et ce, pour des raisons émotionnelles, psychiques ou spirituelles. Il faut que les gens qui me consultent participent eux aussi à leur propre guérison et fassent un travail sur eux. ■

www.imoworld.ca

Tina Sweeney

« Le Christ m'a pris la main… »

C'est pendant une séance de psychanalyse que Tina Sweeney a revécu son expérience de mort imminente, survenue à l'âge de quatre ans. Pendant qu'elle était dans l'au-delà, le Christ lui a expliqué Dieu! Accès à une petite portion d'éternité.

Parce qu'elle jouait avec sa sœur aînée dans sa chambre un soir, malgré les semonces de leur mère, Tina a subi les foudres de son père, qui a alors perdu le contrôle de lui-même. Battue presque à mort, elle est revenue à la vie, pour ensuite oublier cette expérience de l'autre dimension, jusqu'à ce que celle-ci la rattrape dans la quarantaine. Un jour, après des années de thérapie et six mois de psychanalyse intensive, Tina a spontanément revécu son expérience de mort imminente. Le peu de temps qu'a duré cette mort lui a paru une éternité. Elle a vu Jésus-Christ la prendre par la main et la guider dans l'au-delà, puis elle est revenue dans son petit corps d'enfantss de quatre ans.

Tina, quel souvenir gardez-vous de cet événement de votre enfance?

Pas grand-chose, en fait, mis à part le regard de mon père pendant qu'il nous frappait. Durant toute ma jeunesse, et même à l'âge adulte, je n'ai eu aucun souvenir de mon EMI. J'avais même classé cet épisode parmi mes mauvais souvenirs, sans plus, puisque mon père n'a plus jamais levé la main sur moi par la suite. Avec le recul, je constate que j'ai eu beaucoup de difficulté dans mes relations amoureuses à cause de cet événement. Cela m'a amenée à consulter dans la vingtaine, pour finalement revivre mon EMI à l'âge de 40 ans.

Expliquez-nous ce qui s'est

produit en thérapie.

Rien ne laissait présager que j'allais toucher à cette blessure, puisque je racontais banalement ma semaine au psychiatre, quand j'ai vu apparaître une sorte d'hologramme d'une petite fille de quatre ans qui regardait un mur de lumière. Ce n'était pas la première fois que j'avais ce type de vision, mais là, c'était très clair qu'il s'agissait de moi et non de quelqu'un d'autre. Dès que je me suis mise à en

et le futur, ainsi que toute la création.

Le mur de lumière, que représentait-il ?

Après le noir, je me suis retrouvée devant ce mur, que j'ai décidé, consciemment, de franchir. Là, un Être de Lumière est venu à ma rencontre. J'ai compris qu'il s'agissait de Jésus. On communiquait par télépathie, car je ne me souviens pas de lui avoir posé des ques-

« Un Être de Lumière est venu à ma rencontre, et j'ai su que c'était Jésus. »

parler, j'ai commencé à ressentir ce que la petite fille vivait. J'ai alors dit au thérapeute que j'allais lui raconter ma mort imminente, même si je ne m'étais jamais renseignée sur le sujet.

Qu'avez-vous ressenti par la suite ?

Ça s'est passé durant plusieurs semaines. Les souvenirs me revenaient, comme les morceaux d'un casse-tête. J'ai d'abord revécu les moments que j'ai passés dans le noir absolu, après avoir été battue. Dans cet espace hors du temps, que j'ai appelé par la suite « l'utérus de l'Univers », j'étais dans un état de bien-être total, entourée d'amour inconditionnel, un peu comme un bébé qui flotte dans le ventre de sa mère. C'est un espace de conscience où tout existe : le passé, le présent

tions. Il m'a seulement fait comprendre qu'il voulait m'expliquer Dieu. Il a commencé par me dire que pour communiquer avec Dieu, il fallait faire le silence autour et à l'intérieur de soi. Un peu comme quand on médite et qu'on tente d'arrêter nos pensées.

Qu'avez-vous vu dans cet espace ?

J'ai vu le Soleil et des fleurs me raconter ce qu'ils faisaient dans l'Univers. Puis, j'ai entendu des rires d'enfants, et je pouvais les voir. On m'a dit qu'ils attendaient de s'incarner sur la Terre.

Quelle explication vous a-t-on donnée pour Dieu ?

Jésus m'a fait voir tout cela pour que je comprenne que Dieu est une énergie créatrice infinie, qui existe dans tout ce qui vit.

On peut trouver Dieu dans la nature, dans les gens, dans les astres, partout.

Pourquoi avez-vous choisi de revenir dans votre corps d'enfant?
On m'a donné le choix, tout en me montrant comment mon père allait se sentir si je ne revenais pas à la vie. J'ai compris la souffrance et la culpabilité qui le rongeraient si je décidais de rester dans l'au-delà. C'est vraiment pour lui que j'ai décidé de revenir. Mais puisque j'étais craintive, je me tenais loin de lui. Je n'ai jamais été capable de m'approcher de lui, comme le faisait ma petite sœur. Par la suite, j'ai toujours cherché mon père dans mes relations, et ce n'est que récemment, à plus de 50 ans, que j'ai enfin trouvé la paix. On dit qu'il faut de 7 à 10 ans pour intégrer une expérience de mort imminente. C'est le temps que ça m'a pris pour digérer tout ça et refaire ma vie.

Et comment allez-vous vivre le reste de votre vie?
J'ai l'impression de commencer à vivre, aujourd'hui! Je travaille notamment avec des personnes handicapées intellectuelles. Je tente de parler avec leur âme et de les amener à développer le meilleur d'elles-mêmes. J'ai l'intention de vivre dans la conscience, de propager cette conscience et, surtout, de continuer à m'aimer!

3. Science et spiritualité

Mario Beauregard, Ph. D. en neuroscience

Quand la mort ressemble à une prière

Mario Beauregard est un des pionniers d'un tout nouveau champ de recherche : les neurosciences spirituelles. Son but est de comprendre ce qui transforme les gens qui ont vécu des expériences mystiques ou religieuses. Tête-à-tête avec un savant des plus spirituels.

Mario Beauregard sait depuis qu'il est petit que la vie continue après la mort. Armé de cette certitude, de plusieurs expériences personnelles et d'un doctorat en neurosciences, il a entrepris de le prouver en étudiant le cerveau de personnes ayant vécu des expériences spirituelles profondes, soit par la prière, soit par une mort clinique. Sa première étude expliquant le fonctionnement du cerveau d'un groupe de carmélites contemplatives a d'ailleurs été publiée dans une revue scientifique sous peu. Et si les EMI provoquaient le même effet que des années de méditation ou de prière ? C'est en tout cas la théorie de base du chercheur montréalais.

Mario, comment vous êtes-vous intéressé à ce champ d'études pour le moins controversé ?
Quand j'étais petit, j'habitais à la campagne et, puisqu'on n'avait pas beaucoup de voisins, j'avais le temps de réfléchir aux grandes questions de la vie. Déjà, à l'âge de huit ans, j'avais la conviction que la vie continuait, que l'âme, ou l'essence de l'être humain, ne pouvait mourir. Je me suis alors juré que quand je serais grand, je deviendrais un savant pour le prouver !

Quelles sont les expériences spirituelles que vous avez vécues et qui ont confirmé vos convictions ?
J'ai fait plusieurs séances de *rebirth*, une technique qui permet de revivre des souvenirs du

passé. J'ai vu des images qui me laissent croire qu'il s'agissait de mes vies antérieures. J'ai entre autres revécu des scènes d'une vie en Inde, il y a très longtemps, où je consacrais tout mon temps à la prière. Je me suis aussi vu en scientifique, à une autre époque, préoccupé par les mêmes questions sur la survie de l'âme. Ça pourrait en partie expliquer pourquoi j'avais des convictions si profondes dès ma tendre enfance dans cette vie-ci !

Qu'avez-vous découvert sur le cerveau de ces religieuses ?
On a réussi à sortir les carmélites du couvent pour les emmener en laboratoire et mesurer, à l'aide de la résonance magnétique et d'un électroencéphalogramme, ce qui se passe quand elles se sentent en union avec Dieu, baignant dans un amour inconditionnel. Il fallait bien sûr recréer cet état

« Les expériences spirituelles transforment les gens... »

Comment avez-vous réussi à vendre votre idée de faire une étude sur le cerveau des carmélites ?
J'ai été très chanceux, parce que dans mon domaine, les chercheurs qui s'intéressent aux questions spirituelles sont automatiquement suspects aux yeux de leurs collègues. On m'a même déjà dit, dans mon département, que je devrais plutôt faire carrière dans la science-fiction ! Mais il y a trois ans, à une journée d'avis, j'ai su que je pouvais me présenter à un concours américain sur les fondements scientifiques de la spiritualité, offert par la fondation John Templeton, pour obtenir une bourse de 100 000 $US. J'ai été choisi, avec 20 autres chercheurs dans le monde, parmi près de 500 candidats.

de communion, tout cela dans des conditions pas évidentes, notamment avec un casque d'électrodes sur la tête. Dans leur cerveau, on a pu mesurer des ondes à très basses fréquences qui induisent ces états d'esprit.

Quelles conclusions en tirez-vous ?
On connaît maintenant l'activité électrique et les régions du cerveau impliquées dans une expérience mystique. On pourrait théoriquement recréer en laboratoire ces états d'esprit très recherchés à l'aide d'un appareil de stimulation. Notre but est de rendre ces expériences accessibles à tous, puisqu'il est prouvé scientifiquement qu'elles transforment de façon très positive ceux qui les vivent.

Votre deuxième étude porte sur les expériences de mort imminente. Que cherchez-vous?

Justement, on a testé des gens qui ont été transformés spirituellement par une EMI pour comparer les résultats avec ceux des expériences sur les carmélites. Une expérience des plus concluantes a été menée par un médecin américain très audacieux. Pour lui sauver la vie, il a amené en état de mort clinique Pamela Reynolds, une musicienne atteinte d'un anévrisme inopérable, en abaissant sa température corporelle. L'intervention a été un succès, et quand la femme s'est réveillée, après avoir été « morte » pendant plus d'une heure, elle a relaté avec précision l'opération qu'elle venait de voir « d'en haut », les conversations que les médecins avaient eues entre eux ainsi que ses échanges avec des Êtres de Lumière, qui lui ont demandé de retourner dans son corps. Cette expérience a transformé sa vie, notamment parce qu'elle a compris que la lumière était un peu comme la respiration de Dieu.

Comment cette expérience change-t-elle la donne?

C'était la première fois qu'on pouvait mesurer des données scientifiques pendant une expérience de mort imminente. Savoir que la patiente n'avait aucune activité, ni cérébrale ni cardiaque, et qu'elle pouvait tout de même « voir » ce qui se passait dans la salle d'opération a ouvert la porte à toutes les possibilités de recherche. ■

www.mapageweb.umontreal.ca/beauregm

Vincent Paquette, Ph. D. en neuropsychologie

ANALYSER LES EXPÉRIENCES DE MORT IMMINENTE

Vincent Paquette, D^r en neuropsychologie, a pu constater que les gens qui ont vécu une expérience de mort imminente arrivent à synchroniser toutes les régions de leur cerveau pour créer un sentiment d'union avec le Tout. Percée majeure des scientifiques québécois.

Pendant des mois à l'automne 2007, l'équipe de scientifiques supervisée par le Dr Mario Beauregard, de l'Université de Montréal, s'est affairée à analyser les résultats d'une recherche unique sur les expériences de mort imminente. À 30 ans seulement, Vincent Paquette est le spécialiste des lectures de données de cette importante étude qui vise à mieux comprendre le fonctionnement du cerveau humain dans l'expérience mystique.

Vincent, comme chercheur, pourquoi t'intéresses-tu aux EMI?

J'ai fait mon baccalauréat en psychologie pour comprendre des concepts abstraits, comme ceux de l'expérience mystique et du *channeling*, mais à ma grande déception, ces sujets n'y sont même pas abordés. Pourtant, selon moi, il est aussi valable d'étudier les effets d'une EMI sur le cerveau que de faire des recherches sur l'inquiétude chez les anxieux ou sur la rumination chez les dépressifs. Je n'accepte pas que la science mette de côté des thèmes aussi importants que la conscience, par exemple, d'autant plus qu'aujourd'hui on possède la technologie pour l'étudier, du moins en partie.

D'où te vient cette passion pour l'expérience mystique?

Une de mes influences les plus marquantes est celle de mon oncle, qui a vécu une EMI quand j'étais petit. Le plus

étrange, c'est qu'après avoir vécu cette expérience, il n'en a parlé à personne, sauf à moi ! J'avais à peine neuf ans lorsque, le soir du mariage de sa fille, il m'a pris à part pour me raconter son histoire.

Que t'a-t-il raconté ?

Il m'a expliqué que pendant que tout le monde le croyait mort, lui se savait toujours « vivant ». Il voyait une lumière blanche au loin, qui l'attirait, et

Peux-tu nous donner des détails ?

Il avait une bibliothèque remplie de photocopies de livres qui portaient sur l'expérience de mort clinique, sur l'astrologie, sur l'énergie, etc. Bien sûr, je ne connaissais rien à tout ça, mais je me suis mis à lire moi aussi sur ces sujets.

À neuf ans ?

Oui. Il faut dire que, très jeune, j'aimais lire, et que mon oncle

« Des Êtres de Lumière le guidaient »

des Êtres de Lumière qui le guidaient. Moi, dans mon petit corps d'enfant, ce que je ressentais surtout, c'était l'intensité émotive avec laquelle il me relatait tous ces faits.

Comment décrirais-tu cette intensité émotive ?

Il me disait simplement : « Vincent, c'est tellement beau, tellement fort cet état de bien-être et d'amour, qu'aucune expérience humaine ne peut égaler ça ! » Je sentais à quel point c'était important pour lui, mais je ne comprenais pas pourquoi il n'en avait parlé à personne d'autre qu'à moi. Dans les semaines qui ont suivi, j'ai commencé à lui rendre visite et j'ai constaté qu'il s'intéressait beaucoup, tout à coup, à tout ce qui était ésotérique.

avait piqué ma curiosité. En plus, je voulais toujours savoir qui avait écrit tel ou tel livre, mais il me répondait que le messager n'était pas important. Une fois devenu adulte, j'ai décidé d'étudier en psychologie pour avoir des réponses à mes questions. Mais ça n'a pas été le cas.

Comment as-tu trouvé le chercheur Mario Beauregard, alors ?

Quand je suis arrivé à la maîtrise, j'ai été très déçu de constater que personne au Canada ne faisait de recherches sur la conscience ou sur des concepts plus abstraits, comme les EMI. Alors que je faisais des démarches pour voir ce qui se faisait aux États-Unis dans ce domaine, j'ai vécu une véritable expérience de synchronicité. Une de mes anciennes profs au baccalauréat m'a envoyé un courriel pour me dire que le Dr Beauregard s'apprêtait à faire des recherches sur le cerveau des carmélites en état de prière. C'était juste avant l'étude que nous venons de terminer sur les EMI.

En quoi consistait cette recherche sur les EMI, au juste?

Nous avons recruté 15 personnes dont la vie a complètement changé, de façon positive, à la suite d'une expérience de mort imminente. Il fallait aussi que ces gens aient vu une lumière blanche, qui représente un facteur déterminant pour nous, et qu'ils puissent revivre l'état de grâce avec une intensité émotionnelle proche de celle de l'EMI, simplement en se la remémorant. L'étude consistait ensuite à enregistrer l'activité cérébrale sous électroencéphalogramme et en résonance magnétique fonctionnelle.

Les résultats de la recherche sur les EMI sont-ils concluants?

De notre point de vue, c'est très concluant. On a pu observer, entre autres, que toutes les régions qui provoquent le sentiment de spiritualité ou d'être uni à plus grand que nous, celles qui activent des sentiments de joie profonde et celle

de la conscience de soi étaient sollicitées en même temps. Ce qui est encore plus intéressant, c'est qu'on peut observer que les ondes impliquées pendant l'expérience se synchronisent toutes en thêta (ondes lentes du sommeil paradoxal).

Qu'est-ce que ça veut dire?

Ça veut dire que le cerveau ne fait qu'un, qu'il s'ajuste dans un synchronisme parfait de toutes ses régions. C'est exactement l'inverse des résultats qu'on obtient quand on teste des dépressifs, par exemple. Théoriquement, donc, on pourrait, à l'aide du neurofeedback, reproduire ces sensations d'état de grâce pour tout le monde.

Vincent, que veux-tu faire quand tu seras grand? (Rires)

Ouvrir une clinique où médecins, psychologues et channels travaillent main dans la main pour aider les gens aux prises avec des troubles mentaux ou de l'humeur. ■

vincent.paquette@institutpsychoneuro.com

Gary Schwartz, Ph. D.

« CERTAINS MÉDIUMS DISENT VRAI... »

Le Dr Gary Schwartz a dû se cacher durant des années pour faire ses recherches sur la médiumnité, tant le sujet était tabou chez les scientifiques. Depuis peu, il publie ses résultats, qui confirment l'existence de réelles facultés psychiques. Rencontre avec un visionnaire courageux.

Diplômé de Harvard, professeur en psychologie et en médecine à l'Université de l'Arizona, Gary Schwartz est aussi l'auteur de plusieurs livres sur la survie de la conscience humaine après la mort, dont *The Truth About Medium*. Dans celui-ci, il rend accessibles au public les résultats de ses recherches sur les plus grands médiums des États-Unis, dont Allison Du Bois, celle-là même qui a inspiré la populaire série américaine *Medium*, diffusée à CTV.

Docteur Schwartz, expliquez-nous ce qui vous a poussé à faire des recherches sur la vie après la mort et la médiumnité.

Je me suis intéressé à l'information que les médiums reçoivent de personnes décédées pour deux raisons : l'une professionnelle, l'autre personnelle. Professionnellement, je me suis passionné pour la physique quantique, qui explique par exemple que la lumière émise par une étoile continue de voyager dans l'espace longtemps après la disparition de celle-ci. Ce qui veut dire que l'énergie subsiste après sa mort. Puisque les êtres humains sont aussi de l'énergie, il est logique de penser que celle-ci continue d'exister après la mort, dans le vacuum de l'espace. Ce qui permet de croire que la survie de la conscience humaine est possible...

Et la raison personnelle ?

À un moment donné dans ma

vie, plusieurs de mes amies ont voulu savoir si la vie continuait après la mort d'un de leurs proches. Elles se sont adressées au chercheur en moi pour voir s'il était possible de prouver la survie de la conscience humaine après la mort. Parmi ces femmes, il y avait entre autres la journaliste Susy Smith, qui a beaucoup écrit sur la vie après la mort et qui ne pouvait attendre de mourir pour nous le prouver! Même si elle était sceptique au départ, elle a développé sa médiumnité et a affirmé avoir des contacts réguliers avec sa mère décédée, au moyen de l'écriture automatique.

Sensing Murder. Elle a travaillé dans mon laboratoire pendant huit ans. Quand j'ai entrepris de tester ses facultés psychiques, c'était une femme au foyer totalement inconnue du grand public. Les informations qu'elle recevait au sujet de personnes décédées étaient si précises que cela m'a motivé à poursuivre mes travaux.

« Le protocole de recherche fait en sorte que toute fraude est impossible. »

Quand avez-vous décidé de vous lancer dans ces recherches?

Au début des années 1990, j'ai commencé mes recherches de façon secrète, parce que je ne savais pas du tout si ça pouvait être vrai. Le sujet était très controversé. Je ne pensais jamais que je deviendrais un leader dans le domaine et que je travaillerais avec des médiums qui sont des superstars!

Avec quel médium avez-vous commencé vos recherches?

Avec Laurie Campbell, une médium qui participe aujourd'hui à l'émission populaire

Quand avez-vous décidé de rendre publics les résultats de vos recherches?

En 1999, la chaîne de télé HBO a fait un documentaire intitulé *Life After Life*. Les producteurs avaient entendu parler de mes recherches secrètes sur le sujet. Ils sont donc venus me trouver et m'ont dit qu'ils avaient accès à un médium qui était inconnu à l'époque, John Edwards. John a par la suite animé son propre *show* de télé, pendant quatre ans. En tout, nous avons donc fait des tests en laboratoire auprès de cinq médiums, qui ont été filmés par la chaîne pour les fins du documentaire.

Quelles ont été les conclusions de cette étude?

Pour cette expérience en particulier, les médiums ont obtenu une moyenne de 83 % en ce qui concerne la précision des détails qu'ils transmettaient à propos de personnes décédées qu'ils ne connaissaient pas. Selon les protocoles de recherche, ça ne prouve pas pour autant que la vie après la mort existe. Mais pour le scientifique en moi, c'était très significatif.

Votre amie Susy est décédée en 2001… A-t-elle tenu son pari de vous prouver qu'il y a une vie après la mort ?
Dans mon livre *The Truth About Medium*, je parle des contacts que j'ai eus avec Susy après sa mort, à travers la médium Allison Du Bois. Cette jeune inconnue à l'époque était venue me voir pour être testée, et ce, une journée après la mort de mon amie. C'est elle qui m'a transmis le premier message de Susy, contenant des informations si précises que ça m'a jeté par terre ! Alors, oui, d'une certaine façon, Susy a tenu parole !

Quel type de contrôle exercez-vous pendant les expériences ?
Les expériences avec Allison sont les plus poussées que nous ayons faites. Nous les appelons « *triple blind* », parce que les médiums doivent trouver de l'information sur des personnes décédées sans voir ni entendre leurs proches, et sans avoir d'autres données de base que le prénom du défunt. Le protocole de recherche fait en sorte que toute forme de fraude est impossible. Et encore une fois, les résultats ont été très significatifs.

Comment interpréter les résultats de vos nombreuses recherches ?
J'en ai conclu que certains médiums disent vrai, c'est-à-dire qu'on ne peut pas nier leurs facultés psychiques. De plus, ils peuvent obtenir de l'information précise au sujet de personnes décédées grâce à leurs facultés extrasensorielles sans pour autant nous prouver que cette information vient directement de la conscience des personnes décédées en question. Toutefois, grâce aux expériences à l'aveugle, on détient maintenant la preuve que les médiums ne peuvent utiliser la télépathie pour obtenir de l'information sur les personnes décédées. ■

http://veritas.arizona.edu/

Dr Raymond Moody

LE SPÉCIALISTE DU COULOIR DE LA MORT

Le célèbre psychiatre américain Raymond Moody est un homme prudent. Après 30 ans de recherches, durant lesquels il a entendu des milliers de témoignages de gens qui ont vécu des expériences de mort imminente, il continue de dire, flegme scientifique oblige, qu'il ne sait pas s'il y a une vie après la mort.

Raymond Moody, auteur du fameux livre *La vie après la vie* et de plusieurs autres ouvrages sur le sujet, a écrit son best-seller mondial en 1974, alors qu'il n'était même pas encore médecin. C'est lui qui a consacré l'expression NDE (*Near Death Experience*), ou EMI en français (Expérience de Mort Imminente). Toujours fasciné, à 62 ans, par les expériences au seuil de la mort, il demeure toutefois très pragmatique quand on lui pose des questions sur les possibilités d'une vie après la mort.

Docteur Moody, comment avez-vous développé cet intérêt pour ce que vous avez appelé les NDE?
J'ai été élevé dans un milieu

non religieux et je ne croyais pas à l'idée de la vie après la mort, jusqu'à ce que je commence mes études universitaires en philosophie, bien avant de devenir psychiatre. Un jour, j'ai étudié Platon et le mythe du guerrier Er, qui était décédé sur le champ de bataille quand tout à coup, pendant ses funérailles, il est revenu à la vie. Er a raconté à ses compagnons avoir visité un autre monde pendant qu'on le croyait mort. Par la suite, j'ai lu plusieurs histoires sur des expériences de mort imminente, qui ont vraiment piqué ma curiosité.

Qu'est-ce qui vous a poussé à écrire *La vie après la vie*?
En 1965, un prof de psychiatrie à l'université où j'étudiais est

venu nous raconter son expérience de mort imminente pendant la Seconde Guerre mondiale, et cela m'a fasciné. Puis, quelques années plus tard, alors que j'enseignais la philosophie, un étudiant est venu me voir pour me parler de son passage dans une autre dimension, qui avait changé sa vie après un accident grave, où on l'avait déclaré mort. En fait, cet étudiant m'a raconté exactement quelques mois avant que je devienne médecin.

Quelles sont les principales similitudes entre tous ces gens qui ont vécu des EMI ?
Voici les étapes. D'abord, vous entendez le médecin vous déclarer mort. Puis, vous sentez que vous passez rapidement par un long tunnel sombre. À la sortie, vous vous rendez compte que vous êtes toujours au

« D'abord, vous entendez le médecin vous déclarer mort… »

la même histoire que le prof de psychiatrie !

C'est à ce moment que vous avez commencé vos recherches ?
Je me disais qu'il devait y avoir d'autres personnes qui avaient vécu la même expérience. En poursuivant mes études en médecine, j'avais accès plus facilement à l'hôpital et à des patients qui étaient ressuscités à la suite d'un diagnostic de mort clinique. Après avoir rassemblé un nombre impressionnant de cas de gens qui racontaient presque tous la même chose à leur retour à la vie, je me suis mis à donner des conférences dans l'État de la Virginie. Un éditeur m'a alors approché pour que j'écrive un livre portant sur les résultats de mes recherches, ce qui a donné *La vie après la vie*, en 1975,

même endroit, mais hors de votre corps. Vous regardez le médecin et les infirmières, qui tentent de réanimer ce qui était votre corps. D'autres viennent vous secourir. Ce sont les esprits d'amis et de parents décédés ainsi qu'un Être de Lumière qui projette autour de lui chaleur et amour.

Comment les patients décident-ils de revenir ?
L'Être de Lumière vous pose une question sur la valeur de votre vie et, instantanément, tout votre passé se déroule sous vos yeux, comme un film. Vous vous voyez approcher une barrière – apparemment la frontière entre la vie d'ici-bas et l'au-delà –, mais vous prenez conscience qu'il vous faut faire demi-tour : votre vie n'est pas terminée. Vous résistez, mais vous êtes obligé de réintégrer

votre corps et vous reprenez conscience.

Croyez-vous que la science va prouver un jour l'existence d'une vie après la mort?

L'un des problèmes, c'est que les victimes de NDE sont elles-mêmes incapables de décrire ce qu'elles ont réellement vécu, car elles manquent de mots et de concepts! Aussi, nous avons encore des difficultés majeures sur les plans de la méthodologie et de la technologie. Il faut revoir notre logique conceptuelle, puisque le langage scientifique est trop limité pour nous permettre d'aborder ce qui, à mon avis, est la plus grande question entre toutes.

Que pensez-vous de cette femme, Pam Reynolds, qui est revenue d'une mort clinique provoquée par son cardiologue?

Je suis complètement fasciné par cette expérience. Imaginez qu'une équipe de médecins, à Phoenix, a réussi à abaisser la température de cette patiente pour l'amener dans un état de mort clinique dans le but de lui sauver la vie. En se réveillant de son opération pour un anévrisme, qui a duré une heure, elle a raconté avec précision ce qu'elle avait vu et entendu, tant dans la salle d'opération que dans l'autre monde, avec des Êtres de Lumière. Ce genre d'intervention chirurgicale se

pratique maintenant de plus en plus, et il nous permettra de recueillir beaucoup plus de témoignages et d'avoir accès à une connaissance inouïe!

Personnellement, croyez-vous à la vie après la mort?

Vous voulez le savoir franchement? *I still just don't know!* ■

www.lifeafterlife.com

Dr Deepak Chopra

DIX ANS POUR SAUVER LA RACE HUMAINE

Il existe actuellement sur la planète quelques maîtres spirituels. Le Dr Deepak Chopra, un Américain d'origine indienne, en fait partie. Auteur de plus de 40 livres traduits en 35 langues, Chopra a donné en juin 2006, à Montréal, une conférence très attendue. Entretien avec un grand sage.

Bill Clinton le louange et le qualifie de pionnier de la médecine alternative aux États-Unis. Le magazine *Time* en a fait l'un des 100 héros de notre siècle. Mikhaïl Gorbatchev dit de lui qu'il est l'un des philosophes les plus inspirants de notre ère. Comment Deepak Chopra, cet endocrinologue de renom doué d'une grande humilité, est-il passé de chef du personnel médical dans un hôpital de Boston à maître spirituel ? Notamment en alliant les techniques médicales de pointe aux traditions de guérison naturelle de sa culture indienne. Il a aussi créé une médecine basée sur le corps et l'esprit, appelée le courant « *mind and body* ». L'auteur du best-seller mondial *Les sept lois*

spirituelles du succès donne aussi des conférences pour nous entretenir de la nature de la réalité, du sens de l'existence, de la façon d'accéder à la paix dans le monde et de la manière de s'améliorer en tant qu'être humain.

Docteur Chopra, auriez-vous pu imaginer devenir un jour un leader du monde spirituel ?
Non, je n'aurais jamais pensé devenir le genre de personnage que vous décrivez. Je suis médecin et je me suis simplement intéressé à la médecine holistique, dans le but de favoriser une approche plus globale de la guérison. En cours de route, j'ai voulu trouver des explications scientifiques aux grandes questions philosophiques qui nous

interpellent tous. C'est là que ma formation médicale m'a grandement aidé. De plus, les Américains ont craqué pour mon accent indien! *(Rires)*

Comment va le monde, selon vous? Voyez-vous des améliorations ou, au contraire, croyez-vous que l'on va vers l'extinction de la race humaine?
C'est difficile à dire, avec tous ces changements climatiques. Certains experts affirment qu'il

faire des choix rapidement. C'est sûr que la planète se porterait beaucoup mieux sans nous! Les êtres humains sont le cancer de la Terre. Mais si on rétablit notre relation avec l'environnement et avec les autres êtres humains, si on retombe amoureux de la nature, on aura des chances de réussir à soigner notre planète.

Quel est notre niveau de conscience collective sur la Terre, d'après vous?

« C'est sûr que la planète se porterait mieux sans nous! »

nous reste au plus 10 ans pour renverser la vapeur, sans quoi la race humaine disparaîtra de la surface de la Terre avant 50 ans. Des endroits comme le Bangladesh et la Floride vont être engloutis si l'on continue à détruire notre environnement comme on le fait actuellement. Il persiste aujourd'hui 35 conflits armés sur le globe. Plus de 50 % de la population mondiale vit avec moins de deux dollars par jour, et les droits de l'homme sont constamment bafoués. Ce n'est pas un portrait très reluisant.

Croyez-vous malgré tout qu'il y a de l'espoir?
Oui, parce qu'il y a aussi plein de gens qui prennent des initiatives très prometteuses. Une chose est certaine, on est à la croisée des chemins et on doit

Je crois que ça s'améliore, malgré tout. Mais les États-Unis ne sont certes pas un bon exemple à suivre.

Pouvez-vous le dire ouvertement dans votre pays?
Je le fais, mais je suis très critiqué pour ça.

Quel est, selon vous, le sens de notre existence sur Terre?
La raison de notre existence se résume à un mot: évolution. Nous sommes ici pour évoluer, par le moyen de notre créativité, et ainsi participer au grand plan de création. Il nous faut, pour y arriver, faire l'expérience de l'unité en toute conscience, dépasser notre ego, aimer et faire preuve de réelle compassion envers notre prochain.

Vous expliquez dans vos livres que Dieu est un tout et que nous faisons partie de ce tout. Comment peut-on en prendre conscience?

C'est beaucoup par la méditation et par l'amour que nous en prendrons conscience. Mon dernier livre, *Life After Death, The Burden of Proof*, est consacré à la vie après la mort. J'y apporte des preuves scientifiques que notre conscience continue dans l'au-delà. Le corps humain est essentiellement un champ d'énergie qui change de forme après la mort. Ce champ d'énergie est notre conscience. Elle ne peut pas mourir. Ce livre est le fruit d'une longue investigation scientifique sur la survie de l'âme et la réincarnation. Et la Conscience suprême, qui réunit tout en Un, c'est Dieu.

Vous avez fondé un organisme, appelé Alliance pour une nouvelle humanité. Pour quelle raison?

Pour rassembler suffisamment de gens autour de l'idée de la paix dans le monde. Si une masse critique de gens, dans différents pays, deviennent conscients de leurs liens d'interdépendance et du fait que nous faisons tous Un avec la Création, il sera possible d'y arriver. ■

www.chopra.com

William Tiller, Ph. D. en physique

PROUVER L'EXISTENCE D'UNE AUTRE RÉALITÉ

Le Dr William Tiller est une des vedettes du film *What the Bleep Do We Know?*, vendu à plus de 40 millions d'exemplaires. Ses dernières recherches prouvent qu'une simple intention peut modifier la matière de façon significative. Percée majeure pour un chercheur spiritualiste.

Professeur émérite à l'Université de Stanford, en Californie, et pionnier en recherches psychoénergétiques, le D^r en physique William Tiller était de passage à Montréal récemment pour le lancement du livre *Que sait-on vraiment de la réalité?* (Éditions Ariane), une adaptation du film *What the Bleep Do We Know?* Il estime que le temps est venu pour une révolution scientifique et veut créer un nouveau paradigme qui permettrait d'y inclure l'existence d'une autre réalité, où la conscience humaine peut créer, sans intermédiaire, tout ce qu'elle veut!

Docteur Tiller, expliquez-nous ce qui vous a poussé à faire ce genre de recherches.

Depuis que je suis jeune, j'ai la conviction que nous sommes tous des esprits vivant une expérience physique. Pour moi, nos parents spirituels nous ont donné ces corps et placés dans un terrain de jeu appelé l'Univers pour qu'on puisse développer nos dons et nos talents et, ainsi, devenir des cocréateurs de nos vies. Mon but est de construire un pont suffisamment solide pour que tous les scientifiques aient le goût de le traverser et de créer un nouveau paradigme.

Avez-vous personnellement vécu des expériences pour vous le prouver?

Je ne suis pas médium. Je ne vois rien, je n'entends rien, mais je ressens. Dans une période de

ma vie, j'ai pris une année sabbatique où j'ai appris à méditer. Je commençais ma méditation avec des questions, que je visualisais comme une brique dans mes mains, et je revenais de cet état une heure plus tard, avec les réponses! J'avais déjà lu beaucoup de trucs sur les dons psychiques et les phénomènes paranormaux. Je voulais comprendre comment je pouvais contribuer à faire la lumière sur ces sujets.

Quelle était votre hypothèse de départ pour vos plus récentes expériences?

Dans les 12 dernières années, toutes nos recherches nous ont sur la matière. On ne peut pas, en regardant un verre d'eau, par exemple, en changer les propriétés chimiques. Dans l'autre réalité, quand on est en état de méditation profonde, une simple intention suffit pour faire en sorte que les choses se matérialisent. Cela arrive dès que vous en êtes suffisamment conscient, et que vous avez appris à vous servir de cette faculté et à contrôler votre intention.

Quelle expérience vous a prouvé cela?

De 1970 à 1997, j'ai fait beaucoup d'expériences avec des médiums et des gens qui ont développé ce genre de don

« Il y a tout un monde dans ce qu'on appelle le vide! »

amenés à découvrir une seconde réalité, en dehors de celle que nous connaissons. Ces deux réalités, en temps normal, ne sont pas reliées entre elles. Cette seconde réalité est donc invisible pour nos sens et impossible à mesurer par nos instruments. Par contre, la conscience nous permet de joindre ces deux réalités ensemble et, lorsqu'on y arrive, la seconde réalité répond parfaitement à l'intention humaine.

Que voulez-vous dire en termes plus simples?

Dans notre réalité de tous les jours, nous n'avons pas d'effet naturel. Grâce à leur intention, on pouvait entre autres conditionner des appareils photo à prendre des images beaucoup plus précises, où toutes sortes de formes invisibles à l'œil nu apparaissaient. Depuis, je me suis donné le mandat de prouver que la théorie scientifique en place depuis Descartes (XVIIe siècle), qui prétend que les émotions, l'esprit et la conscience n'ont pas d'effet sur la réalité physique, ne pouvait plus être vraie à cette étape de notre évolution.

Qu'avez-vous expérimenté à partir de cette prémisse?

Nous avons conçu et construit un appareil électronique capable d'enregistrer une intention. Nous avons ensuite demandé à quatre méditants, desquels je faisais partie, d'émettre l'intention de changer le pH de l'eau d'un degré vers le haut, c'est-à-dire de la rendre plus acide. Puis, nous avons refait la même chose, mais pour diminuer le pH d'un degré, donc pour qu'elle soit plus basique. L'hypothèse était que l'eau a sa propre conscience et qu'elle peut répondre à cette demande. Enfin, nous avons tenté le coup pour deux autres expériences, avec une enzyme *in vitro* et des larves de mouches *in vivo*.

Quels résultats avez-vous obtenus?

Les quatre expériences ont été un succès! Pour y parvenir, nous avons placé l'appareil au centre d'une table, devant les méditants. Après une période préparatoire pour se placer dans l'état recherché, nous avons servi de *channels* pour transmettre nos intentions à l'appareil. Puis, nous l'avons expédié aux laboratoires, à une distance de 1 500 km de là, pour qu'il affecte notamment le pH de l'eau dans un verre. Il a fallu plusieurs semaines pour mesurer l'augmentation et la diminution d'un degré, mais ça s'est fait sans aucune autre intervention.

Est-ce significatif pour vous?

Si le pH de votre corps change d'un degré, vous mourez! C'est très significatif! En plus, je voulais que cette expérience puisse être reproduite selon les critères actuels de la science, ce que nous avons fait dans les règles de l'art.

Qu'est-ce que cela vous permet de conclure?

Ça nous permet entre autres de conclure qu'il y a tout un monde dans ce qu'on appelle le vide. En fait, le vide est plein de matière qui n'est pas accessible à nos instruments de mesure mais qui l'est à notre conscience, dans un état de conscience spécifique où les deux réalités se rejoignent.

Pouvez-vous nous expliquer un autre phénomène paranormal selon votre théorie?

La lévitation, par exemple, peut s'expliquer par la théorie de la réciprocité. Dans notre réalité espace-temps, il y a la gravité. Dans l'autre réalité, où tout va plus vite que la vitesse de la lumière et où le temps n'existe pas, il y a la « lévité ». Gravité dans une réalité, « lévité » dans l'autre. C'est la théorie. ■

www.tillerfoundation.com

Dr Steven Greer

ÊTRE EN CONTACT DIRECT AVEC DES OVNIS

L'urgentologue américain Steven Greer est un pionnier dans le domaine des contacts avec des formes de vie extraterrestre. En 2001, il publiait *The Disclosure Project*, un livre-choc qui étale de nombreux documents officiels, notamment de l'armée américaine, prouvant l'existence des ovnis.

De passage dans la métropole pour le 32ᵉ colloque international de la FSS-IIHSI sur la science et la spiritualité, le Dʳ Steven Greer est aussi venu parler de son dernier livre, *Hidden Truth, Forbidden Knowledge*, dans lequel il explique ses motivations pour continuer sa croisade afin que le grand public soit au courant des secrets militaires les mieux gardés sur la planète. Entrevue exclusive avec un chercheur en quête de vérité.

Docteur Greer, quel a été votre tout premier contact avec des ovnis ?

Je suis un enfant de scientifiques, et j'ai un oncle qui a conçu un appareil pour que les astronautes puissent débarquer sur la Lune. J'ai donc toujours eu un intérêt pour l'espace. Un après-midi, à l'âge de neuf ans, je jouais avec des copains de mon quartier de Charlotte, en Caroline du Nord, quand nous avons aperçu un vaisseau argent de forme ovale. Il était stationnaire dans le ciel et ne faisait aucun bruit. Puis, il a disparu, en un clin d'œil, comme s'il s'était dématérialisé.

Avez-vous eu peur ?

Non. À partir de ce moment, j'ai été fasciné par l'idée que nous n'étions pas seuls dans l'Univers.

Vous avez vécu une expérience de mort imminente par la suite. Pouvez-vous nous en parler ?

Cette expérience a été très importante pour moi parce qu'elle a accéléré mes contacts avec d'autres formes de vie. Je vous explique : à l'âge de 17 ans, j'ai expérimenté une mort clinique à la suite d'une grave infection, et je me suis retrouvé dans une dimension de conscience cosmique divine. J'étais littéralement dans l'espace quand deux lumières se sont approchées de moi.

Quelle forme avaient-elles ?
Elles ressemblaient à de beaux

Quel est le lien entre cette « superconscience » et les extraterrestres ?
J'y arrive… Après cette expérience, j'ai voulu recréer l'état. J'ai suivi un cours de méditation où, instantanément, je pouvais me retrouver dans cet espace. Le jour de mes 18 ans, je suis allé sur une montagne pour méditer. Avant même que je commence, j'ai vu dans le ciel le même vaisseau que j'avais aperçu à l'âge de neuf ans.

« Je me suis retrouvé à l'intérieur du vaisseau ! »

diamants de lumière blanche. J'ai alors réalisé qu'elles étaient des formes de manifestation de la Source. Puis, j'ai atteint ce qu'on appelle la « conscience de Dieu », décrite comme étant un état où on fait « un » avec cette lumière. J'ai alors reçu une dose massive de connaissance pure, et ces lumières m'ont dit que je pouvais partir avec elles ou revenir sur la Terre.

Avez-vous hésité ?
J'ai demandé aux lumières ce qu'elles en pensaient et elles m'ont répondu que je serais mieux de revenir, que j'avais beaucoup à faire. Sur le coup, je n'étais pas content. Cet état est si bon !

Le même ? Quelle a été votre réaction ?
Je me suis simplement dit : « *They're back !* » Et encore une fois, il a disparu comme il était apparu. Puis, j'ai commencé à méditer. Après ma méditation, alors que je me trouvais toujours dans cet état de pure conscience, je me suis levé et j'ai vu à mes côtés un petit être d'à peine cinq pieds qui me regardait avec ses grands yeux de biche.

Quel genre d'être ?
Une espèce que je n'avais jamais vue. Je me souviens d'avoir pensé, sans savoir si c'était réellement un extraterrestre : « Mais qu'est-ce que cette créature me veut ? » À ce moment, elle a touché mon manteau, et un courant élec-

tromagnétique a traversé mon corps. Sans que je comprenne comment, je me suis retrouvé à l'intérieur du vaisseau !

Et vous jurez que vous n'aviez rien fumé ? *(Rires)*

Je n'ai jamais pris de drogue de ma vie ! Alors, on s'est retrouvés là, dans cet état de pure conscience, simplement à « être ». La communication se faisait dans cet état méditatif, ce que j'ai nommé plus tard CE5, pour *Close Encounters of the Fifth Kind* (rencontres du cinquième type).

Expliquez-nous ce qu'est une rencontre du cinquième type.

C'est quand des humains, de façon délibérée, invitent ces visiteurs à venir à leur rencontre. Il faut savoir que, pendant ma méditation sur la montagne, je leur avais demandé de me rendre visite. Ils ont donc répondu à mon appel !

Que vous ont-ils montré dans ce vaisseau ?

Ils m'ont fait comprendre que s'ils voulaient communiquer entre eux ou aller quelque part, ils n'avaient qu'à y penser et hop ! ça se mettait en marche ! J'ai passé en tout trois heures avec ces créatures extraterrestres.

Avez-vous répété l'expérience ?

Plusieurs fois ! Je n'avais qu'à me mettre dans cet état de conscience altérée pour me retrouver dans l'espace et montrer à ces visiteurs, par la pensée, où je me trouvais sur la Terre. Chaque fois que je faisais ça, la police patrouillait près de la montagne, parce qu'on pouvait voir des lumières très spéciales dans le ciel. Un jour, en France, je l'ai fait avec un groupe de gens à qui j'enseignais la méditation. Soudain, on a vu apparaître dans le ciel un immense vaisseau de forme pyramidale, silencieux et stationnaire, tout près de nous. Et il y en a eu beaucoup d'autres…

Vous avez été conseiller spécial de Bill Clinton et du directeur de la CIA. Pourquoi ?

Nous avions formé un groupe civil de contacts interplanétaires pour établir des liens pacifiques avec les extraterrestres. J'ai reçu de sérieuses menaces, mais je n'avais pas peur de mourir. Quand on a vécu une EMI, on n'a plus peur de la mort ! En 1993, le gouvernement m'a demandé d'écrire un document pour informer le président. Puis, quand j'ai rencontré le directeur de la CIA, il en avait les larmes aux yeux tellement il était déçu de ne pas avoir accès à ces documents secrets de l'armée ! En 2001, j'ai lancé devant la presse le Disclosure Project, accompagné de 22 ex-militaires et d'autres spécialistes qui ont collaboré à ce livre prouvant l'existence de formes de vie extraterrestre. ∎

www.disclosureproject.org

Dolores Cannon, hypnothérapeute

RÉVÉLER LES VIES ANTÉRIEURES PAR L'HYPNOSE

Dolores Cannon est une sommité mondiale de la thérapie par régression dans les vies antérieures. En 40 ans de pratique, elle a élaboré une technique unique pour amener ses sujets dans des mémoires de vies passées et de l'«entre-deux vies». Voyage dans le temps avec une chercheure avant-gardiste.

Auteure de nombreux livres, dont trois sur les prédictions de Nostradamus – revues et corrigées à partir d'informations reçues pendant des séances de régression –, Dolores Cannon a mis au point, au fil des années, une façon presque infaillible d'amener ses clients dans un état altéré de conscience. Cet état induit de transe est comparable à la phase de somnambulisme que certaines personnes vivent naturellement. Dolores, qui est fréquemment invitée à donner des conférences à Montréal, passe aujourd'hui le plus clair de son temps à enseigner cette méthode aux autres thérapeutes et au public en général.

Dolores, comment avez-vous découvert la thérapie par régression?

À l'époque, il n'y avait pas de livres pour expliquer la thérapie par régression dans les vies antérieures. Je l'ai donc découvert par accident. Mon mari était dans la marine, et je vivais avec lui sur une base militaire américaine. Le médecin de la base m'avait demandé d'aider une patiente qui était une mangeuse compulsive et qui avait un sérieux problème de poids. Sous hypnose, elle a soudainement basculé dans une vie antérieure.

Comment savoir qu'il s'agissait d'une vie passée?

Elle me parlait d'une expérience avec des gangs de rue, à

Chicago. Mon premier réflexe a été de dire : « What's going on here ? » Je ne comprenais pas ce qui se passait. Je l'ai donc invitée à la maison pour pouvoir enregistrer l'information qu'elle me donnait dans cet état d'hypnose. Au fil de nos rencontres, je l'ai amenée dans cinq vies antérieures différentes, à diverses époques. C'était tellement révolutionnaire que j'ai tenté de garder tout ça secret, mais ça s'est su.

Qu'est-ce que ça vous apportait ?

J'ai décidé d'adapter ces nouvelles techniques à la thérapie par régression dans les vies antérieures. Puisque c'était un tout nouveau champ de recherche, je pouvais me fier à mon intuition et expérimenter. Au fil du temps, j'ai trouvé des raccourcis et j'ai développé ma propre technique pour provoquer chez mes clients le somnambulisme, ce qui représente

« C'est comme une machine à voyager dans le temps ! »

Comment avez-vous réussi à aller plus loin dans vos recherches ?

Ç'a été difficile. Mon mari a failli mourir dans un accident d'auto, et les gens de la base prétendaient que c'était une punition de Dieu pour avoir joué avec la notion de réincarnation ! Pour ma part, je découvrais plutôt un Dieu plein d'amour, qui ne punirait personne d'avoir eu l'audace de poser des questions. Puisque mon mari s'est retrouvé en fauteuil roulant, j'ai dû mettre mes recherches de côté. Quand mes enfants ont tous été partis de la maison, je suis retournée à mon métier d'hypnothérapeute. J'ai alors découvert de nouvelles méthodes faisant appel à l'imagerie et à la visualisation.

le plus profond état de transe possible chez l'être humain avant le sommeil. Quand on revient de cet état, on croit avoir dormi, on ne se souvient de rien du tout.

Qu'avez-vous découvert grâce à l'expérience de vos milliers de patients ?

C'est comme une machine à voyager dans le temps. Dans cet état altéré de conscience, les patients redeviennent complètement la personne qu'ils ont été dans une autre vie, bien qu'ils ne se souviennent pas de cette autre existence à l'état d'éveil. À ce stade d'hypnose, il faut comprendre que le conscient n'intervient pas. C'est dans cette période charnière que j'ai commencé à vouloir recueillir de l'information sur ce que j'appelle « le savoir perdu ».

Est-ce comme ça que vous avez reçu de l'information sur Nostradamus et Jésus-Christ ?

Oui. J'ai enregistré des heures de conversation avec des gens qui avaient vécu à l'époque de Jésus et qui l'avaient côtoyé. C'est un peu comme avoir accès aux parties manquantes de la Bible. Et ça rend Jésus beaucoup plus humain ! Les deux livres qui ont découlé de ces entretiens entre le Christ et les Esséniens ont été traduits en 20 langues et vendus partout dans le monde. Pour Nostradamus, ça s'est présenté de façon fort différente.

Comment cela ?

Avec 12 patients, nous avons réussi à contacter la vibration, ou l'âme, si vous préférez, de Nostradamus comme s'il était toujours vivant et qu'il pouvait interpréter lui-même ses prophéties ! Pour la chercheure en moi, c'est une preuve que le temps n'existe pas et que tout se déroule de façon simultanée. Nous avons expliqué et actualisé, dans trois livres écrits sur une période de trois ans, plus de 1 000 prophéties. Pour moi, c'est l'interprétation la plus précise parmi tout ce qui a pu être écrit jusqu'ici sur les prédictions de Nostradamus. On y trouve même des prédictions sur les événements du 11 septembre et sur l'élection présidentielle de 2000, avant qu'ils ne soient survenus. Un film est d'ailleurs en train d'être tourné sur ces expériences…

Parlez-nous de ce que vous avez découvert sur « l'entre-deux vies ».

Pour faire une thérapie en régression, il faut passer par l'expérience de la mort. Tous les patients qui m'ont parlé de leur expérience de la mort m'ont dit la même chose : ils m'ont expliqué comment on se sent quand on meurt, ce qu'on ressent en quittant son corps, où on se retrouve après, comment on nous guide, vers où on doit aller, etc. On n'est jamais seul de l'autre côté, et l'âme continue son évolution.

Et comment on se sent quand on meurt ?

Les patients témoignent que leur corps est froid au moment de le quitter. Ils disent aussi à quel point il est facile de mourir. C'est comme se lever d'une chaise pour s'asseoir sur une autre, juste à côté. Il n'y a pas de douleur associée à la mort. Tous ont par ailleurs le sentiment de retourner d'où ils viennent, de retourner à la maison. ■

www.ozarkmt.com/cannon.htm

Courtney Brown, Ph. D.

Prouver l'existence de l'âme humaine

Le Dr Courtney Brown n'a jamais eu peur de perdre l'estime de ses collègues scientifiques quand il a entrepris ses recherches sur un des phénomènes les plus intrigants de l'heure. Il étudie les visions à distance *(remote viewing)*, une forme de clairvoyance. Un tête-à-tête avec un scientifique très audacieux.

Courtney Brown, professeur à l'Université Emory, à Atlanta, et auteur du livre scientifique *Remote Viewing, The Science and Theory of Nonphysical Perception*, est le fondateur de l'Institut Farsight aux États-Unis. Depuis des années, il y fait des recherches pour comprendre le phénomène qui permet à certains « sensitifs » de voir à distance où se trouve une personne, ou encore de décrire un lieu avec précisions et détails, sans jamais y être allé. Son objectif ? Prouver, notamment au moyen des perceptions non physiques des êtres humains, l'existence de l'âme humaine en tant que forme de conscience supérieure existant à l'extérieur du cerveau.

Docteur Brown, comment vous êtes-vous intéressé au *remote viewing* ?

Au début des années 1990, j'ai eu des entretiens avec des gens de l'armée américaine à la retraite qui pratiquaient le *remote viewing*. J'ai été très intrigué par cette technique utilisant les perceptions extrasensorielles, donc non physiques, des humains. Quand j'ai appris que les militaires faisaient appel à des médiums clairvoyants d'une manière tout à fait ésotérique pour tenter d'établir des contacts avec les extraterrestres – parce qu'il n'existe pas d'autre façon de le faire actuellement – mon cerveau de scientifique s'est mis à se poser mille questions pour comprendre comment cela était possible.

Quelles autres utilisations les militaires font-ils du remote viewing?

Ils utilisent principalement des voyants pour localiser des terroristes ou les endroits où des bombes pourraient être cachées un peu partout sur la planète. Bref, ils s'en servent pour des raisons stratégiques.

Il fallait être audacieux, comme scientifique, pour vous lancer dans ce genre de recherche «ésotérique».

nous décrire précisément la tour Eiffel, mais nous lui demandons de le faire seulement à partir de la cible à laquelle nous pensons, sans plus d'information. Les voyants se placent dans un endroit contrôlé, et ils dessinent ou décrivent les visions qu'ils ont de ce que nous avons en tête. Bien sûr, c'est beaucoup plus complexe que ça dans une étude scientifique rigoureuse, mais pour les besoins de vos lecteurs, c'est en gros ce que nous expérimentons!

« Ils utilisent des voyants pour localiser des terroristes. »

Il existe deux sortes de scientifiques. Les plus conservateurs, soit ceux qui ne dérogent pas aux règles établies, et les autres, plus curieux, qui veulent réinventer la roue et créer un nouveau paradigme. Je fais partie de cette seconde catégorie, qui ne se contente pas des concepts actuels de la science, trop limités pour la conscience humaine.

Expliquez-nous clairement ce que veut dire remote viewing...

Nous demandons à des gens, entraînés spécifiquement à cette fin, de se placer dans une pièce neutre et de dessiner une cible que nous avons préétablie sans leur donner de détails. Par exemple, nous pouvons décider que le voyant à distance doit

Leur demandez-vous beaucoup de détails sur la cible?

Ils doivent sortir de la pièce avec 20 pages de dessins et de descriptions précises qui nous prouvent hors de tout doute que c'est bien la tour Eiffel. Et ça marche! Certains sont si précis que c'en est renversant!

Avez-vous développé vous-même vos capacités de vision à distance?

Oui. Mais j'ai appris à le faire grâce à un entraînement avec des spécialistes de l'armée, et j'ai fondé un institut de recherche qui nous permet d'étudier ce phénomène fascinant. Nous entraînons des gens à développer leurs perceptions à distance à partir des techniques copiées sur celles de l'armée et des outils que nous avons développés en cours d'étude.

Un de vos buts est de démontrer que le *remote viewing* peut expliquer l'existence d'une conscience supérieure ou de l'âme. Comment allez-vous faire ça?

Mon objectif est de mieux comprendre notre réalité physique, qui demeure en grande partie un mystère pour la science. Imaginez à quel point c'est déroutant pour des scientifiques de penser qu'on peut, par la conscience humaine, défier le temps et l'espace, au-delà de la vitesse de la lumière! Le *remote viewing* démontre, entre autres, que le présent, le passé et le futur se déroulent de façon simultanée. Ça repousse de façon spectaculaire les limites de tous les concepts scientifiques que nous connaissons. Si on accepte cette définition du *remote viewing*, la prochaine question qu'on doit se poser est: «Comment notre réalité physique, au-delà de ce que nous pouvons voir ou mesurer, peut-elle s'accommoder d'un tel phénomène?»

À ce sujet, quelle est votre hypothèse?

Pour comprendre, nous devons envisager la réalité physique comme une série de vagues d'énergie, et non comme un ensemble d'éléments solides qui composent la matière dans l'Univers. Si le futur, le passé et le présent se déroulent en même temps, alors où sont le futur et le passé? Pourquoi n'entrons-nous pas en collision avec les gens qui se trouveraient à notre place dans le passé ou le futur? Comment le passé et le futur se cachent-ils du présent alors que les voyants, eux, à distance, peuvent les voir? C'est immensément stimulant comme champ de recherche!

Et l'existence de l'âme dans tout ça?

Si, un jour, la science finit par prouver l'existence de l'âme, les recherches sur le *remote viewing* vont y contribuer. Pour accepter l'existence de l'âme, il faut accepter l'idée que la conscience humaine n'est pas limitée au cerveau physique. Or, il semble que nous approchons de plus en plus de cette conclusion, grâce aux travaux effectués sur ce genre de phénomènes. ■

www.courtneybrown.com

Mark Macy, Ph. D.

PRENDRE DES ESPRITS EN PHOTO

Le Dr Mark Macy est un des chercheurs pionniers de la communication avec les esprits. Depuis 15 ans, il tente de démontrer, photos à l'appui, que notre réalité se déroule parallèlement à celle d'autres dimensions. Incursion visuelle dans le monde spirituel…

Ex-journaliste et auteur du livre *Spirit Faces*, Mark Macy a été athée durant toute sa vie adulte, jusqu'à ce qu'un médecin lui apprenne, en 1988, qu'il avait le cancer. Devant faire face à la mort, il a voulu savoir ce qu'il y avait derrière ce passage inévitable. Une fois guéri, il a fondé un réseau international afin de regrouper les chercheurs de partout sur la planète dans le domaine très pointu et discret de ce qu'on appelle la « transcommunication avec les esprits », un phénomène rendu possible grâce à l'évolution de la technologie.

Docteur Macy, comment votre cancer vous a-t-il transformé en chercheur spirituel ?

Quand on m'a annoncé que j'étais atteint d'un cancer très avancé du côlon, j'ai paniqué tellement j'avais peur de la mort, surtout parce que je n'avais aucune croyance sur le plan spirituel. La seule piste crédible que j'ai alors trouvée pour comprendre ce qu'il advient de nous après la mort était celle des travaux de certains scientifiques européens et américains, travaux portant sur ce qu'on appelle la ITC, la transcommunication instrumentale.

De quoi s'agit-il au juste ?
La ITC est l'utilisation d'appareils électroniques, tels que des radios, des télévisions, des téléphones, des ordinateurs, etc., pour recevoir de l'information d'esprits, notamment de

gens décédés. Les communications peuvent prendre la forme d'images, de messages vocaux ou de textes. Cela permet réellement d'entrer en contact avec les mondes spirituels.

Qu'est-ce qui vous a porté à croire que ces travaux étaient crédibles ?

D'abord, j'ai assisté à une conférence du père de la ITC, George Meek, l'auteur du livre *After We Die, What Then?*. Je

messages précis, accompagnés d'images claires portant sur la vie après la mort. Ils s'étaient assurés de fermer tous les appareils électroniques au préalable. Ensuite, j'ai commencé à faire mes propres recherches…

Et qu'avez-vous découvert ?

J'ai décidé de me procurer les équipements nécessaires pour capter moi-même de l'information provenant d'autres mondes. Rapidement, je me suis

« J'ai reçu des messages par ondes radio et par téléphone. »

pensais, comme tout le monde, qu'il est très facile de faire un montage d'images pour faire croire n'importe quoi à n'importe qui ! Puis, j'ai rendu visite à ce scientifique dans son laboratoire de la Caroline du Nord, pour le regarder travailler. J'ai été tellement convaincu de la valeur de ses travaux que je me suis associé à ses recherches. Nous avons travaillé ensemble pendant cinq ans, soit jusqu'à sa mort, en 1999.

Qu'avez-vous fait par la suite ?

Je me suis rendu en Allemagne, au Luxembourg et en Italie pour connaître le travail que d'autres chercheurs européens faisaient sur la transcommunication instrumentale. Par exemple, un couple de chercheurs du Luxembourg recevait sur le disque dur de son ordinateur des

mis à recevoir des messages, par ondes radio ou par téléphone, en même temps que d'autres chercheurs en Allemagne !

Comment s'assurer qu'il ne s'agissait pas d'un canular ?

La simultanéité des messages et des images, alors que personne n'avait accès à nos appareils, nous a convaincus de la véracité du phénomène. Nous étions dans des conditions contrôlées, et les contacts se faisaient de façon synchronisée. Par la suite, j'ai obtenu d'un inventeur américain un appareil luminaire spécial qui crée un autre champ de vision, permettant de faire des photos d'esprits avec un simple polaroïd.

Pouvez-vous prouver que ces photos ne sont pas un montage ?

Je fais ces photos devant des témoins, et elles se développent sous nos yeux. À un atelier en public, par exemple, une femme qui avait lu certains de mes livres est venue et m'a lancé un défi. Nous avons pris des photos d'elle, avec le luminaire en question. Debbie Alberti avait demandé à son mari, décédé depuis neuf semaines, d'être présent à la séance. Sur le troisième cliché, on pouvait voir, grâce au pouvoir de l'intention de cette femme, le visage de son mari, John, superposé au sien. (*Voir photos 1, 2, 3 et 4.*)

Comment expliquez-vous ce phénomène?

L'univers physique tel que nous le voyons n'est qu'une petite partie de notre réalité. Ce qui nous sépare des autres univers est la différence entre les fréquences, de la même façon que différentes ondes radio cohabitent dans le vide, ce qui nous permet de syntoniser plusieurs postes. En fait, le reste de l'univers est pure conscience, que nous le voyions ou non. ■

www.spiritfaces.com.com

1) Debbie Alberti a demandé au Dʳ Macy de prouver sa théorie.
2) Le Dʳ Macy a utilisé un appareil spécial pour prendre cette photo.
3 et 4) En agrandissant la photo, on peut apercevoir le visage du mari de Debbie Alberti, décédé neuf semaines plus tôt.

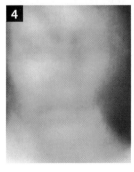

Carole Fortin, chercheure

DÉCOUVRIR LE FUTUR PAR LES RÊVES

Pendant des années, Carole Fortin a été criminologue et témoin expert à la cour. Puis, en milieu de carrière, elle a fait un virage à 180 degrés pour revenir à sa première grande passion, la parapsychologie. Son nouveau champ d'expertise : les rêves prémonitoires.

Aujourd'hui hypnothérapeute et consultante dans le domaine des rêves et du sommeil, Carole Fortin s'est particulièrement intéressée aux gens qui nous préviennent d'événements à venir. Pour rédiger son premier ouvrage, *Rêves prémonitoires, quand le futur se dévoile* (Flammarion), l'auteure a parcouru avec rigueur les plus récentes études scientifiques qui apportent des preuves irréfutables que notre conscience voyage dans le temps et dans l'espace pendant la nuit.

Carole, pourquoi ce changement de carrière radical ?

J'ai toujours été une passionnée des phénomènes parapsychologiques. Dès l'âge de 16 ans, je lisais tout ce qui me tombait sous la main, à la fois les bonnes et les mauvaises choses. Je n'avais aucun discernement, à cette époque-là. Cette passion cachait mon intérêt pour tout ce qui touche au développement de la conscience humaine; c'est cela qui m'anime le plus. Les rêves me fascinent pour cette même raison, puisqu'ils sont une porte qui s'ouvre sur des mondes parallèles.

Pourquoi les rêves prémonitoires vous fascinent-ils tant ?

Je suis très interpellée par ce genre de rêves parce qu'il fait appel à nos facultés extrasensorielles. Pour les scientifiques, cependant, il y a une distinction à faire entre les vrais et les faux

rêves prémonitoires. Ce qui intéresse la science, ce sont uniquement les rêves issus des perceptions parapsychiques, c'est-à-dire ceux qui ne peuvent provenir de l'inconscient qui, lui, enregistre à notre insu des informations au cours des jours précédant un rêve.

Qu'est-ce qui a été prouvé scientifiquement à ce jour?

L'élément intéressant, c'est qu'on peut reproduire en laboratoire les rêves prémonitoires, qu'on le perçoit dans notre quotidien n'existe pas. Mais cela reste mystérieux… Or, grâce aux rêves, on comprend que notre conscience voyage dans le temps et dans l'espace. Pour certaines personnes, il se produit parfois, pendant le sommeil, une sorte de saut quantique qui leur donne accès à une information que le cerveau ne pouvait avoir enregistré de façon subliminale, dans la journée précédente, par exemple.

« Notre conscience voyage dans le temps et dans l'espace. »

ce qui a été fait par des chercheurs un peu partout dans le monde. Ils ont d'abord étudié la clairvoyance et la télépathie, pour en arriver à la conclusion que ça fonctionne. Par la suite, ils ont étudié les rêves de gens qui pouvaient prédire des événements. Aujourd'hui, on peut affirmer catégoriquement que les rêves prémonitoires ont été vérifiés scientifiquement par des protocoles extrêmement rigoureux. Ainsi, les scientifiques n'en sont plus à prouver si ça existe ou non, mais plutôt à comprendre comment ça fonctionne.

D'après les recherches, comment peut-on défier le temps et l'espace?

La physique quantique nous explique que le temps linéaire tel

Dans votre livre, vous donnez plusieurs exemples de rêves prémonitoires percutants. Y en a-t-il un en particulier qui a retenu votre attention?

Un des rêves prémonitoires les plus précis que l'on trouve dans les annales est celui d'une fillette de 12 ans, en Nouvelle-Zélande. Elle avait rêvé qu'elle se faisait étouffer par un homme très grand, qui portait un jean et qui avait un tatouage représentant un dragon, sur le bras gauche. Le jour suivant ce cauchemar, sa mère a voulu la garder à la maison, mais puisqu'il s'agissait d'un congé scolaire, elle l'a laissée aller faire du poney. La petite n'est jamais revenue. On l'a retrouvée morte, étranglée, un morceau de jean dans la main. Quelques jours plus tard, un homme très grand était arrêté, puis condamné à la prison à vie. Et il avait un tatouage de dragon sur le bras gauche !

Avez-vous déjà fait un rêve prémonitoire ou vécu des expériences extrasensorielles ?
Plus jeune, j'ai été initiée aux sorties hors corps, ou aux voyages astraux, si vous préférez, et j'en ai fait à répétition pendant des années. J'ai aussi vécu des régressions dans des vies antérieures, qui m'ont confirmé que ma passion pour le développement de la conscience me suivait depuis plusieurs vies. Pour ce qui est des rêves, j'ai justement fait un rêve prémonitoire, il y a quelques semaines.

Voulez-vous nous le raconter ?
C'était à la fin de l'année scolaire, et mon plus jeune fils était très anxieux à cause d'un examen de physique qu'il devait passer le lendemain. Pendant la nuit, on m'a clairement dit de ne pas m'inquiéter pour l'examen de mon fils, parce qu'il était facile. Quand je suis allée chercher mon garçon à l'école, le lendemain, il m'a seulement dit avec un grand sourire que tout avait bien été, que l'examen était facile. Ce n'est rien de spectaculaire, mais ça a l'avantage d'être accessible à tout le monde... ◼

www.carole-fortin.com

Table des matières